Gênero e diversidade:
formação de educadoras/es

Gênero e diversidade:
formação de educadoras/es

Cíntia Maria Teixeira
Maria Madalena Magnabosco

1ª reimpressão

Copyright © 2010 Programa de Educação para a Diversidade – ProEx/UFOP

COORDENADORA DA SÉRIE CADERNOS DA DIVERSIDADE
Keila Deslandes

CONSELHO EDITORIAL
Adriano Nascimento – UFMG
Carla Cabral – UFRN
Érika Lourenço – UFMG
Giovânia Costa – UFRJ
Keila Deslandes – UFOP
Mônica Rahme – UFOP
Richard Miskolci – UFSCar

PROJETO GRÁFICO
Tales Leon de Marco

DIAGRAMAÇÃO, REVISÃO E PRODUÇÃO GRÁFICA
Autêntica Editora

Dados Internacionais de Catalogação na Publicação (CIP)
(Câmara Brasileira do Livro, SP, Brasil)

Teixeira, Cíntia Maria
　Gênero e diversidade : formação de educadoras/es / Cíntia Maria Teixeira, Maria Madalena Magnabosco. -- 1. ed. ; 1. reimp. -- Belo Horizonte : Autêntica Editora ; Ouro Preto, MG : UFOP, 2016. -- (Série Cadernos da Diversidade)

　Bibliografia
　ISBN 978-85-7526-493-5

　1. Ambiente escolar 2. Educação - Finalidades e objetivos 3. Pedagogia 4. Prática de ensino 5. Professores - Formação profissional I. Magnabosco, Maria Madalena. II. Título. III. Série.

10-07775　　　　　　　　　　　　　　　　　　　　　　　　　　CDD-370.7

Índices para catálogo sistemático:
1. Educadores : Formação 370.7
2. Formação de educadores 370.7

Belo Horizonte
Rua Carlos Turner, 420
Silveira . 31140-520
Belo Horizonte . MG
Tel.: (55 31) 3465 4500

Televendas: 0800 283 13 22
www.grupoautentica.com.br

São Paulo
Av. Paulista, 2.073,
Conjunto Nacional, Horsa I
23º andar . Conj. 2301 .
Cerqueira César . 01311-940
São Paulo . SP
Tel.: (55 11) 3034 4468

Rio de Janeiro
Rua Debret, 23, sala 401
Centro . 20030-080
Rio de Janeiro . RJ
Tel.: (55 21) 3179 1975

Sumário

Introdução...7

Parte I

A construção do conhecimento:
gênero e educação...11

Um breve histórico do conceito de gênero..........21

Gênero e sexualidade:
a construção dos corpos.......................................31

A construção social
da sexualidade..41

As relações de gênero na escola:
diferenças e semelhanças....................................51

Parte II

Um pensar que faz e um fazer que pensa...........65

Valorizando a autonomia do sujeito com práticas
mais contextualizadas..67

Como as oficinas de gênero e
sexualidade podem contribuir com
sua prática pedagógica.. 79

Referências.. 93

Introdução

Ao recebermos a proposta de escrever este caderno sobre gênero e educação, vimo-nos diante de um desafio. Apesar de serem dois temas com os quais estamos trabalhando há muitos anos, sabíamos quão desafiador, perigoso, melindroso e complexo é escrever sobre as relações de gênero no contexto escolar. A produção da identidade e dos corpos muitas vezes ultrapassa os muros da escola. Essa produção deve ser vista como um processo que perpassa os contextos social, histórico, político e cultural, bem como os valores, os costumes e a moral de uma determinada cultura, os quais constituem a história de lugares e pessoas.

Este livro foi escrito e idealizado por duas professoras, mulheres, feministas, estudantes, aprendizes, curiosas e tantos outros adjetivos e substantivos que nos definem como sujeitos. Ao ler o que escrevemos, você irá, gradativamente, nos conhecendo, descobrindo, irá interpretar as palavras com que procuramos minuciosamente produzir sentidos, os quais remetem a experiências vividas por nós. São as experiências que nos ajudam a construir os sentidos e nos levam a tomar posições e compartilhar, com você, nossas ações e formas de perceber o mundo.

O texto é dividido em duas partes. Na primeira delas, trabalhamos algumas ideias sobre a construção do conhecimento; traçamos um breve histórico da categoria analítica *gênero*, considerando-a como objeto de estudo, relacionando suas/seus principais pensadoras/es e mostrando as formas como se articula com a prática pedagógica; abordamos a produção dos corpos e da sexualidade, enfatizando a importância das relações sociais atravessadas pelas relações de poder, entre as quais as relações de gênero. Analisamos, por fim, a produção de discursos sobre a sexualidade que produz sujeitos sexuados e sexualizados no contexto escolar.

Na segunda parte, realizamos uma aproximação entre o conceito de gênero e a realidade cotidiana das/os educadoras/es. Acreditamos que o estudo dessa temática permite que educadoras e educadores questionem suas práticas. Procuramos, assim, instigar você, leitora/or, a olhar para seu interior, numa tentativa de perceber e eliminar os preconceitos que estão escondidos ou camuflados e que, muitas vezes, afloram em falas, comportamentos, reprovações, aprovações, entre outras ações que reforçam a desigualdade social. A proposta é interrogar nossas práticas a fim de buscarmos uma pedagogia com mais autonomia, baseada em práticas contextualizadas.

O caderno ainda contém, ao final de cada capítulo, alguns exercícios e sugestões de livros, artigos, filmes e *sites* interessantes para ampliar seus conhecimentos sobre a temática.

Cara/o leitora/or, tentaremos instigá-la/lo em todas as páginas deste caderno, para que novos sentidos e posicionamentos sejam construídos por você. Gostaríamos que, ao final de cada capítulo, você buscasse definir o seu ponto de vista por meio de seus próprios questionamentos. Esperamos que, a cada página virada, o diálogo entre nossas ideias e seus pensamentos aconteça e, consequentemente, a transformação ocorra. Que este caderno seja um instrumento útil na sua prática pedagógica e/ou nas suas experiências de vida.

Foi desafiador escrever este caderno!

Vamos repensar as práticas pedagógicas e os nossos pensamentos?

Boa leitura!

Cíntia Maria Teixeira
Maria Madalena Magnabosco

Parte I

A construção do conhecimento: gênero e educação

Resumo

Os discursos que as/os professoras/es colocam a circular numa aula, por exemplo, se reiterados como verdade, passam a constituir sujeitos nessa relação discursiva de sala de aula. Ao mesmo tempo, e além dos muros da escola e das paredes das salas de aula, outros discursos atuam conjuntamente na produção dos sujeitos. Ser professora/or requer um exercício de reflexão acerca de todas as variáveis que constituem o processo de ensino e aprendizagem e exige constante transformação, capacidade de questionar o mundo e os nossos posicionamentos no processo educativo.

Objetivos deste capítulo

- Refletir sobre a/s verdade/s
- Analisar a prática de ensinar e aprender

Não há realmente mais nada a dizer – a não ser por quê. Mas como é difícil lidar com o porquê, é preciso buscar refúgio no como.

TONI MORRISON (2003)

Este caderno, especialmente este capítulo, é direcionado a todas/os educadoras/es que buscam novas práticas de ensinar. Convidamos a/o leitora/or a *provar os sabores*, testando e combinando novos temperos, principalmente nas relações que envolvem ensino e aprendizagem. Parafraseando Rubem Alves, uma/um escritora/or não escreve para comunicar *saberes*, escreve para comunicar *sabores*. Com quantos sabores podemos nos deparar nessa culinária maravilhosa de ler, escrever, ensinar, aprender e compartilhar experiências? Decerto, encontramos sabores ácidos, amargos, doces, infinitos sabores. Ruins? Nem um pouco. Cada sabor/experiência tem sua magia e importância e faz parte dos processos de nossa constituição como sujeitos, a qual só é possível porque estamos sempre nos relacionando com diversas pessoas e porque, em nossos encontros, compartilhamos experiências das mais distintas e inusitadas. Por meio dessas novas experiências, deparamos com o imprevisto. Porém, muitas vezes, não sabemos o que fazer e precisamos buscar novas formas de ser no mundo. As posições que ocupamos na sociedade estão permeadas pelas relações de poder, e a escola é uma instituição onde também acontecem as relações de poder e subordinação. Dessa forma a categoria gênero é um instrumento político capaz de nos auxiliar na compreensão das produções discursivas.

Escrever ou ler sobre a temática *gênero* implica necessariamente ocupar uma posição crítica em relação às verdades estabelecidas e aprendidas por nós como se fossem únicas, imutáveis e inquestionáveis. Você já parou para pensar quantas vezes mudamos de ideia, quantos conceitos diferentes podemos construir acerca de um mesmo objeto, quantos conceitos não conseguimos definir devido à complexidade do fenômeno que se apresenta num determinado momento? Esses fatos nos fazem pensar que o mundo está em constante transformação e, por isso, devemos estar atentas/os ao que muitas vezes é fixado, essencializado, normatizado. Assim não corremos o risco de ver o mundo como algo pronto. Convidamos a/o leitora/or a ver o ambiente e a/as relações professor/a aluna/o como um conjunto de processos. Buscaremos, no decorrer de todas as páginas, formular perguntas sobre as dúvidas e as certezas que possam surgir em nosso pensamento. Nosso objetivo com as perguntas que faremos a você não é de obter uma resposta imediata, mas de estimular a reflexão acerca do assunto tratado para que você construa novas perguntas e assim sucessivamente. Entendemos que a desconstrução da(s) verdade(s) passam por esse exercício contínuo e inacabado. Muitas vezes, aceitamos e respondemos a convenções, resultado de padronizações referentes a um conceito, a valores, a normas, etc, determinadas por um grupo específico da sociedade as quais acredita-se serem ideais para todas as pessoas. Quando isso acontece, podemos deixar de considerar e significar uma série de outras possibilidades. A invisibilidade social ocorre muitas vezes quando não permitimos e negamos visões diferentes da consensual. Dessa maneira nasce o preconceito, a discriminação e tantas outras formas de exclusão social.

De um lado estão os conflitos, os medos e as incertezas que temos acerca das nossas experiências. Os conflitos nos possibilitam um crescimento, uma mudança, um repensar. De outro lado, está a verdade absoluta, inquestionável, que nos paralisa, nos faz acreditar que sabemos o suficiente sobre um determinado tema e que estamos prontos para uma função e que não precisamos compreender mais nada. Essas primeiras reflexões nos fazem pensar sobre nosso papel como educadoras/es. Como estamos ensinando? Será que admitimos a discordância? Permitimos que a/o aluna/o questione nossos ensinamentos? Estamos atentas/os às mudanças e as integramos em nossa prática profissional?

A escola é uma instituição que tem por finalidade educar para a cidadania, igualdade e ampliação dos direitos. Presenciamos muitas escolas reproduzindo práticas sexistas, que, através de normas, formas de avaliação, livros didáticos, currículos, disciplinas, etc, não problematizam e/ou não abordam as questões de gênero assim como outras produções discursivas e linguísticas que hierarquizam as diferenças produzindo as desigualdades no ambiente escolar. Os estudos de gênero contribuem para a educação na medida em que oferecem proposições políticas implicadas por relações de poder que produzem outro olhar e possibilitam inúmeras articulações entre masculinidades e feminilidades.

Para isso, precisamos pensar nos processos que nos constituem como seres humanos. "Processos? São os processos que devemos ter sempre em mente" (SCOTT, 1995, p. 86). Se pensarmos no dia a dia dentro da escola, iremos nos deparar com uma responsabilidade que deve ser compartilhada com a criança ou o adolescente, com a família, com a instituição, entre outras pessoas envolvidas no processo educativo. Como professoras/es, precisamos refletir sobre nossas contribuições e influências na formação das pessoas e, paralelamente, sobre a nossa própria constituição. Estamos apenas reproduzindo modelos consensuais em nossa sociedade? Permitimos, em nosso cotidiano, que a diferença adentre as salas de aula, os pátios, a sala de professores? Encerramos o primeiro capítulo e esperamos ter provocado em você algumas inquietudes. Estimulá-la/o a sentir necessidade de questionar a verdade associada a padrões culturais e sociais foi nosso objetivo.

Conceitos-chave
- processos
- conceito
- desigualdades
- diferenças

ATIVIDADES

Atividade: Explorando minha prática como professora/or.

Objetivos: Promover a reflexão e a conscientização das/os professoras/es em relação ao seu papel na escola. Explorar as possibilidades de desconstruir e construir os conceitos de forma contextualizada, levando em consideração o social e a cultura.

Materiais utilizados: Cópia das questões para os participantes, papel, lápis, borracha e caneta.

Local: Essa atividade poderá ser desenvolvida na sala de aula ou em um espaço alternativo, como no jardim ou pátio da escola.

Sugestão: Reúna as/os professoras/es de sua escola para desenvolverem essa atividade, seja em um pequeno ou em um grande grupo. Após o momento de reflexão sobre as perguntas, as/os professoras/es devem escolher algumas das questões para responder por escrito, para que posteriormente possam compartilhar as respostas a fim de promover o debate entre as/os participantes.

Tempo: Para reflexão sobre as questões, sugerimos 15 minutos. Para o debate, sugerimos 45 minutos.

a) Quem é você? O que você está sendo?
b) Cite suas características como professora/or.
c) Como é seu relacionamento com as/os alunas/os?
d) Quais são as facilidades que você encontra na sala de aula?
e) Quais são as dificuldades que você encontra na sala de aula?
f) Como você age quando surgem relações de dominação na sala de aula?
g) As relações de dominação e resistência podem ter origem tanto nas/nos alunas/os como na/no professora/or. Lembre-se de pelo menos um exemplo de cada uma dessas situações.
h) O que você entende quando escuta a expressão: "aquela/e menina/o é diferente"?

Atividade – Perguntar pra quê?

Objetivos: Despertar nas/os alunas/os a capacidade de argumentação. Propiciar momentos de discussão acerca da necessidade e da importância de as/os alunas/os desenvolverem formas de se colocarem e construírem conhecimentos a partir da curiosidade, da investigação e do desejo de saber o desconhecido. Incentivar as/os alunas/os formularem perguntas sobre temas desconhecidos.

Materiais utilizados: Cópias da música, aparelho de som, CD com a música "Oito anos", papel, lápis, borracha, caneta, livros e computadores com acesso à internet.

Local: Essa atividade poderá ser desenvolvida na sala de aula ou em um espaço alternativo, como na brinquedoteca.

Sugestão: Para viabilizar essa atividade, é importante ficarem atentas/os à acústica do local escolhido. Seria interessante que esse espaço fosse próximo da biblioteca, pois a atividade se estenderá a esse espaço.

Tempo: Para escutar a música e deixar um tempo para as/os alunas/os refletirem sobre a letra e melodia, sugerimos 15 minutos. Coloque a música quantas vezes achar necessário para mobilizar as/os alunas/os.

Para o debate, sugerimos 30 minutos.

Para a pesquisa das perguntas construídas pelas/os alunas/os, sugerimos 50 minutos.

Utilizaremos, para essa atividade, a música "Oito anos", composta por Dunga e Paula Toller, para refletirmos com as/os alunas/os sobre a importância de buscarmos compreender os fatos da vida cotidiana. Esse pode ser um primeiro passo para desenvolver formas de aprendizagem mais autônomas por parte das/os alunas/os em relação à construção do conhecimento.

Oito anos
Compositores: Dunga / Paula Toller

Por que você é Flamengo
E meu pai Botafogo
O que significa
"Impávido colosso"?

Por que os ossos doem
Enquanto a gente dorme
Por que os dentes caem
Por onde os filhos saem

Por que os dedos murcham
Quando estou no banho
Por que as ruas enchem
Quando está chovendo

Quanto é mil trilhões
Vezes infinito
Quem é Jesus Cristo
Onde estão meus primos

Well, well, well
Gabriel...

Por que o fogo queima
Por que a lua é branca
Por que a terra roda
Por que deitar agora

Por que as cobras matam
Por que o vidro embaça
Por que você se pinta
Por que o tempo passa

Por que que a gente espirra
Por que as unhas crescem
Por que o sangue corre
Por que que a gente morre

Do que é feita a nuvem
Do que é feita a neve
Como é que se escreve
Reveillón

Depois de escutarem a música, façam um círculo e iniciem uma conversa com as/os alunas/os apontando as seguintes questões:
- Quais as impressões da música?
- Por que na música tem tantas perguntas e poucas respostas?

Será que temos as respostas para todas as perguntas que são colocadas na música? Abrir um espaço para discutir sobre perguntas e respostas. Podemos encontrar múltiplas respostas para uma pergunta, mas também existe a possibilidade de elas não existirem. Nessa questão, é importante abrir um espaço para que as/os alunos/as possam pesquisar. Essa pesquisa poderá ser realizada utilizando livros e/ou *sites*.

Vocês gostariam de saber alguma coisa que sempre quiseram perguntar, mas que ainda não tiveram a oportunidade?

Vamos formular mais perguntas sobre o que aprendemos hoje e sobre nossas inquietações?

Para saber mais

Para aprofundamento das questões sugeridas pelo texto, indicamos:

Livro

FREIRE, Paulo. *Pedagogia da autonomia*: saberes necessários à prática educativa. São Paulo: Paz e Terra, 1996. (Coleção Leitura). Essa obra fala sobre práticas educativas. Ela é indicada para educadores em formação. Paulo Freire ressalta a importância de trabalharmos com práticas pedagógicas que visam à autonomia dos alunos, que considerem a sua cultura, a sua história e a sua condição econômica e política. Ele valoriza a capacidade crítica do aluno e vê a criatividade como combustível da produção de conhecimento. Além disso, enfatiza a importância de se estabelecer uma relação mais humana entre professora/professor e aluna/aluno. Essa obra é uma ferramenta necessária para trabalhar diversas questões no dia a dia da sala de aula, entre as quais a cidadania.

Artigo

CARVALHO, Marília Pinto de. Mau aluno, boa aluna? Como as professoras avaliam meninos e meninas. *Revista Estudos Feministas*, Florianópolis, v.9, n.2, 2001. Disponível em: <http://www.scielo.br/scielo>.

Filme

O SORRISO de Mona Lisa. Direção: Mike Newell. Estados Unidos: Columbia Pictures / Sony Pictures Entertainment, 2003. O filme conta a história de uma professora de História da Arte que decide romper com algumas tradições estabelecidas socialmente. A trama gira em torno da influência que essa professora pode exercer sobre suas alunas. No filme, conseguimos perceber como muitas vezes a instituição escolar reproduz padrões de comportamentos e regras sem nenhuma reflexão e contextualização de determinadas questões sociais.

Sites

BIBLIOTECA DIGITAL BRASILEIRA. Um ambiente virtual que permite a coleta, a integração, a preservação e o compartilhamento de conhecimentos, sendo seu principal objetivo o de promover o amplo acesso às obras literárias, artísticas e científicas (na forma de textos, sons, imagens e vídeos). Disponível em: <http://www.dominiopublico.gov.br>. Acesso em: 27 fev. 2010.

EDUCAÇÃO E JUVENTUDE DE BH. O Programa Educação & Participação foi criado em 1995 para compartilhar com organizações não-governamentais a tarefa de levar oportunidades de aprendizagem além da escola a crianças e adolescentes de todo o País. Disponível em: <http://www.educacaoeparticipacao.org.br>. Acesso em: 27 fev. 2010.

MINISTÉRIO DA EDUCAÇÃO. Portal do Ministério da Educação. Disponível em: <http://www.mec.gov.br/>. Acesso em: 27 fev. 2010.

MINISTÉRIO DA SAÚDE. Portal do Ministério da Saúde. Disponível em: <http://portal.saude.gov.br/portal/saude/default.cfm>. Acesso em: 27 fev. 2010.

PROMOÇÃO DOS DIREITOS EDUCATIVOS E DA JUVENTUDE. A Ação Educativa é uma organização fundada em 1994, com a missão de promover os direitos educativos e da juventude, tendo em vista a justiça social, a democracia participativa e o desenvolvimento sustentável no Brasil. Disponível em: <http://www.acaoeducativa.org.br/>. Acesso em: 27 fev. 2010.

Um breve histórico do conceito de gênero

Resumo

Neste capítulo, apresentamos um breve histórico do conceito de gênero. Procuramos estabelecer uma conexão entre os estudos de gênero e a prática pedagógica.

Objetivos deste capítulo
- Disponibilizar informações sobre o conceito de gênero
- Contribuir para a construção do conceito de gênero sob o ponto de vista relacional
- Articular gênero e educação

Você pode estar ainda se perguntando: por que estudar gênero na educação? Vamos tentar responder a essa pergunta juntas/os. Os estudos de gênero já existem há muito tempo; tiveram início com pessoas, sobretudo mulheres, insatisfeitas com determinadas situações existentes na sociedade. Homens ocupando postos de trabalho privilegiados, trabalho doméstico desvalorizado e sem remuneração, mulheres ganhando menos ao exercerem a mesma função e cumprirem a mesma carga horária que os homens, mulheres assumindo dupla jornada de trabalho, entre outras situações que reservam um espaço único para as mulheres – o doméstico – e espaços diferentes para os homens.

Na escola, a situação não é muito diferente. Muitas/os professoras/es reproduzem práticas, ainda constantes, de reforçar o que seria exclusivo do universo dos meninos e do mundo das meninas. Um exemplo é o modo como os espaços são distribuídos: os abertos, como a quadra de esportes, são reservados especialmente aos meninos. Enquanto os mais fechados, menores e de fácil controle, às meninas; lugares onde não se permitem gritos e correria são preferencialmente das meninas; para os meninos, um espaço onde possam fluir a agressividade, a força física, etc. Quando agimos assim, quais são as consequências nas vidas das/os alunas/os e das pessoas com as quais nos relacionamos? Já paramos para pensar por que muitas vezes reproduzimos essas e tantas outras práticas segregadoras?

Consideramos o estudo de gênero fundamental para as/os educadoras/es, pois partimos do princípio de que todas as pessoas têm o direito à educação, à vivência de suas escolhas e às experiências da sexualidade. A pedagogia que as/os professoras/es utilizam para ensinar, para compartilhar e construir conhecimento deve pressupor uma preocupação de construir uma sociedade mais democrática e interessada na coletividade e, por isso, deve ser sempre participativa e dinâmica.

Ser professora/or implica necessariamente observar como produzimos as diferenças para promover um espaço constantemente problematizado e aberto às multiplicidades. Será que todas as meninas gostam de ficar no espaço que reservaram para elas? Será que esse espaço deveria existir? Não seria melhor perguntar às crianças e aos adolescentes como, em que lugar e com quem gostariam de fazer determinadas atividades? Com certeza, algumas dessas perguntas podem automaticamente gerar respostas-padrão, como a seguinte: "Mas, se eu fizer isso na minha sala, vai virar anarquia. As/os alunas/os é que vão dar as ordens agora?" Lembramos que esse é um ponto de vista entre muitos outros.

Para que possamos ampliar um pouco mais a discussão, apresentaremos algumas concepções importantes de gênero e a evolução histórica desse conceito no domínio de diversas ciências, principalmente no da antropologia, da sociologia, da biologia e da psicologia, entre outras que tomam o gênero como uma categoria analítica de estudo, para compreender melhor as representações e sentidos que construímos ao longo da história. É importante deixar claro para você, leitora/or, que o recorte que proporemos neste capítulo parte de uma visão pós-estruturalista das autoras. Nessa concepção, a discussão central do tema perpassa pela linguagem como ferramenta indispensável, produzindo corpos e saberes, mediada por relações de poder.

Os movimentos de mulheres e o movimento feminista, há muitos anos, têm construído trajetórias de lutas e resistência contra as cristalizações e determinações impostas por uma cultura machista e homofóbica. Podemos contar essa história de diversas formas. Em geral, para construir a história intelectualizada do feminismo, a academia tem produzido um saber que faz referência a primeira, segunda e terceira ondas do movimento feminista.

O termo "gênero" é muito recente tanto nas ciências humanas e sociais como no movimento feminista. No início do movimento feminista, no século XIX, ainda não existia esse conceito e o termo utilizado era "mulheres". A primeira onda do movimento feminista pode ser compreendida entre o final do século XIX até aproximadamente os anos 60 do século XX. Essa onda era marcada pelo lema da "igualdade entre os sexos" e tinha como assuntos mais discutidos e como focos de luta a igualdade, as mulheres, o sexo e a sexualidade. A reivindicação do movimento era a igualdade de direitos jurídico-legais, civis e políticos e um acontecimento que marcou a primeira onda foi o movimento sufragista que lutava pelo direito das mulheres ao voto. No Brasil, esse direito só foi legalizado na Constituição de 1934.

Na transição entre a primeira e a segunda onda do movimento feminista, Simone de Beauvoir, escritora, filósofa e feminista francesa, escreve o *Segundo Sexo* em 1949. São dois volumes com o mesmo título, sobre a situação da mulher: o primeiro recebeu o subtítulo de "Fatos e Mitos", e o segundo foi denominado "A experiência vivida". Essas obras são um marco para a prática discursiva da situação feminina. A autora, nos dois livros, nos convida a pensar as dificuldades de as mulheres se colocarem como sujeitos, considerando as dimensões sexual, política, psicológica e social. Em um de seus livros, escreve a frase: "ninguém nasce mulher, torna-se mulher". Essa frase contribuiu para o movimento feminista e para as produções e questionamentos da teoria feminista, na medida em que nos ajudou na compreensão e na construção de saberes acerca da diferença entre sexo e gênero.

A segunda onda do movimento feminista inscreve-se nos anos 60 e 70 do século XX. Esse momento foi marcado pela afirmação da diferença: as mulheres são diferentes dos homens. A emblemática frase de Simone de Beauvoir contribuiu para as feministas questionarem acerca do biológico e do social. O desafio que o movimento enfrentava nessa época era pensar, produzir e discutir a diferença de gênero, ainda a partir de um pensamento binário. Desse ponto de vista, o sexo é algo dado biologicamente e o gênero é uma construção social imposta sobre um corpo sexuado.

Gayle Rubin, antropóloga, pensadora da teoria feminista norte-americana e ativista dos direitos sexuais, publicou na década de 1970 o artigo "O tráfico de mulheres: notas sobre a economia política", que foi traduzido no Brasil em 1993. Nesse artigo, ela aponta a existência de um sistema de sexo e gênero em toda sociedade. Define sistema de sexo/gênero como "um conjunto de arranjos [presente em toda sociedade] através do qual a matéria-prima biológica do sexo e procriação humana é modelada pela intervenção social humana e satisfeita de uma forma convencional, não importa quão bizarras algumas dessas convenções possam ser" (RUBIN, 1993). A autora chama a atenção para o modo como nossa sociedade naturaliza a heterossexualidade, o que pressupõe uma heteronormatividade como ordenadora, como padrão para as pessoas, de modo que o sujeito que vive a homossexualidade é visto como transgressor, como marginal, sendo excluído de uma determinada organização social. Além disso, ela enfatiza os efeitos das representações sociais do gênero sobre as construções subjetivas e as construções sociais.

No final dos anos 1980, Joan Scott, historiadora feminista americana, evidencia a necessidade dos estudos de gênero. Ela escreve um artigo intitulado "Gênero – uma categoria útil de análise histórica", no qual a definição de gênero é construída a partir de duas proposições intimamente relacionadas. Na primeira, Scott considera gênero como um dos componentes das relações sociais, o qual se baseia em diferenças percebidas entre os sexos e no qual quatro elementos operam em conjunto: os símbolos, os conceitos normativos, a dimensão política e a identidade subjetiva. Na segunda, ela toma gênero como a primeira forma de dar sentido às relações de poder. O poder é articulado por meio das diversas relações que estabelecemos socialmente. Na sociedade ocidental, em que as tradições judaico-cristãs são predominantes, o poder se articula apoiado, sobretudo, nas relações de gênero. Além de considerarmos as relações de gênero muitas vezes como definidoras das produções discursivas, devemos explorar as interseções entre outros sistemas de poder que constituem as experiências dos sujeitos, como raça, classe e orientação sexual.

Dessa forma, compreendemos que as relações de gênero são construídas sócio-historicamente, dando significado às relações de poder. Segundo Foucault (2004), o poder ou as relações de poder são uma correlação de forças desequilibradas, heterogêneas, instáveis e tensas, que vão se estabelecendo a partir de diversos pontos e em meio a relações desiguais. O gênero começa a ser investigado levando-se em conta o seu aspecto relacional, dependente das pessoas e dos jogos de poder. Além disso, há um questionamento sobre como, ao longo da história, o desenvolvimento da sexualidade passou a ser o ponto central na constituição dos sujeitos.

Michelle Rosaldo (1995) sugere que estudar gênero e todas as formas que ele assume implica entender as possibilidades e os vetos que constituem uma política sexual. Devemos considerar o que está preestabelecido, que normas regem nossos comportamentos, o que podemos fazer e o que não é permitido que façamos em termos sociais e políticos, e também como homens e mulheres vivenciam, interiorizam suas experiências e dão significado a elas. Da mesma forma, é necessário considerar a produção das subjetividades a partir das ações da humanidade devidamente historicizada, considerando e relacionando com os sistemas de poder. Segundo Rosaldo (1995), as formas culturais e sociais humanas são determinadas pela dominação masculina, que pode ser entendida como um processo de hierarquização e exploração instituído entre os sexos, o qual decorre das trocas simbólicas e no qual o corpo se torna o lugar onde se inscrevem as disputas de poder.

Os questionamentos sobre as teorizações realizadas até o momento começaram a emergir no início da terceira onda do movimento. As feministas perceberam que trabalhar com a diferença entre o feminino e o masculino não era suficiente, pois as ideias permaneciam numa perspectiva dicotômica e essencializada. Somando-se a todas as reflexões acima, as novas inquietudes recaem sobre a diferença, mas agora voltadas para as diferenças entre as mulheres. Essas diferenças devem ser percebidas como formas de construção da identidade de gênero que marcam e inscrevem o sujeito em sua singularidade. A identidade de gênero se desenvolve a partir das relações intersubjetivas inseridas em um determinado contexto histórico, considerando os aspectos significativos relacionados a cultura, posição social, funções, papéis, heteronormatividade, entre outros códigos normativos. Algumas dessas construções são impostas e vamos aos poucos aceitando-as, negando-as ou modificando-as. Desenvolvemos a identidade num processo contínuo, inacabado, (com)partilhando significados e representações. Nesse desenvolvimento em que a sexualidade foi colocada como dispositivo central, na qual o corpo constrói sentido mediante os múltiplos discursos, o sujeito irá sujeitando-se e subjetivando-se. Esses discursos normatizam e instauram saberes, e produzem a/s verdade/s. Foucault, em duas de suas obras, *História da sexualidade* e *Microfísica do poder*, analisa e critica o dispositivo da sexualidade como um conjunto de saberes e práticas produzidas sobre a sexualidade que a produziram como o ponto central da personalidade humana.

Camila Menezes (2008), em sua dissertação de mestrado, sinaliza a "armadilha" de colocarmos a sexualidade como o centro do desenvolvimento do sujeito e de sua personalidade. Assim, a autora nos faz o convite:

> [...] pensar gênero como um mecanismo de sujeição e de subjetivação norteado pela assunção de um sexo, ou seja, é um mecanismo discursivo em que os sujeitos se constituem

> como tal pelo processo de assumir um sexo. E, numa perspectiva do discurso, gênero pode funcionar como um instrumento de **análise da constituição dos sujeitos no momento histórico atual, em que a sexualidade é colocada como ponto central do desenvolvimento da personalidade, a causa da identidade humana e o elemento definidor do grau de humanidade dos sujeitos.** Entendendo que **esta constituição cria hierarquias** e cristalizações que favorecem e, ao mesmo tempo, banalizam a violência de gênero, precisamos pensá-la como um processo que deve se tornar visível e desnaturalizado, abrindo espaço para as instabilidades que permitirão **questionar esse modelo único**. (MENEZES, 2008, p. 17-18, grifo nosso).

Estudar gênero e introduzir os conceitos em nossa prática pedagógica faz com que percebamos primeiramente nossos próprios preconceitos. E a construção dessa percepção começa quando nos implicamos com nossa história e as produções de sentido, principalmente em relação aos preconceituosos que reproduzimos. O que podemos fazer para reverter esse quadro? Talvez uma saída seja aprender a criticar. Criticar no sentido de questionar, questionar nossos valores e nossas verdades. Podemos verificar que a heteronormatividade é uma padronização das expectativas e crenças que normatiza os modos de pensar e interpretar as configurações particulares das ações femininas e masculinas.

Sabemos que em nossa sociedade a "ordem masculina" está corporificada e serve como modelo. Um exemplo do nosso dia a dia pode nos ajudar a pensar essa questão: quando chegamos às salas de aula falamos a/aos alunas/os "bom dia, alunos" independentemente do número de meninas e meninos, convencionou-se que onde existem dez alunas e dois alunos generalizamos, dá-se preferência ao substantivo masculino. Por que seguimos esse modelo sem questionar? Você já experimentou dizer "bom dia, alunas e alunos"? Há pouco tempo, aprendemos com uma colega de trabalho uma nova forma de cumprimentar: "bom dia, alunas; bom dia, alunos; bom dia a cada um; bom dia a cada uma". Trata-se de um modelo construído ao longo de séculos em nossa sociedade, mas passível de ser transformado por um processo de desconstrução e desnaturalização, que podemos começar a colocar em prática dentro das salas de aula, em casa, na praça, etc. Quando estudamos as relações de gênero, buscamos perceber e compreender como a produção de diferenças tem influenciado na constituição dos sujeitos.

Conceitos-chave:
- gênero
- identidade
- identidade de gênero
- dominação masculina
- heteronormatividade

Atividade – Campanha de conscientização: Viva a diferença

Objetivo: Promover a reflexão e a conscientização das/os alunas/os sobre os inúmeros preconceitos que são construídos individual e socialmente quando nos deparamos com as diferenças das outras pessoas.

Materiais utilizados: Papel A4, cartolina, fita colante, guache, lápis, borracha, caneta hidrocor, papel fantasia e caneta

Local: Essa atividade deverá ser desenvolvida na sala de aula e se estenderá para os espaços coletivos da escola.

Sugestão: Durante a semana em que a atividade for desenvolvida, trabalhe com as/os alunas/os assuntos relacionados a cidadania e diversidade, como raça, classe, etnia e identidade, que são fundamentais para despertar nas/os alunas/os a necessidade de tornar visível/is a/s diferença/s. Esse é o primeiro passo para inclusão das diferenças e exercício da cidadania. Convide outras/os professoras/es para desenvolver essa atividade na escola.

Tempo: Essa atividade deve ser desenvolvida em uma semana e a campanha poderá ser feita em forma de passeata na escola ou de seminários para discutir o assunto.

Em dezembro de 2004, foi lançada uma campanha contra o racismo pelas organizações da sociedade civil e pelo grupo Diálogos contra o Racismo. A iniciativa foi apoiada por diversas organizações de todo o Brasil, como escolas, prefeituras, rádios, sindicatos, empresas e muitas pessoas. A campanha obteve a adesão de veículos da imprensa e teve grande repercussão nacional. Para saber mais sobre a campanha, acesse <http://www.dialogoscontraoracismo.org.br> (acesso em: 27 fev. 2010). Pensando nessa proposta, que tal desenvolvermos uma campanha que questione outras formas de preconceito, não só relacionada à raça, mas às questões de gênero, simultaneamente? Como levar esse tema para a sala de aula?

Propomos que você desenvolva, durante uma semana, uma campanha contra o preconceito. Essa atividade pode ser feita nas salas de aula ou em toda a escola. Você pode convidar palestrantes, abrir momentos de discussão com as/os alunas/os sobre as questões abordadas neste capítulo, confeccionar cartazes, faixas e bótons. Frases questionando as/os alunas/os devem ser trabalhadas no decorrer da semana. Exemplos de frases: "Onde você esconde seu machismo?", "Onde você esconde seu preconceito?".

Para saber mais

Para aprofundamento das questões discutidas no texto, sugerimos:

Livro

LOURO, Guacira Lopes; NECKEL, Jane Felipe; GOELLNER Silvana Vilodre (organizadoras). *Gênero, sexualidade e educação:* um debate contemporâneo na educação. 10.ed. [s.l.]: Vozes, 2008. Essa obra discute as questões relacionadas ao desenvolvimento do corpo. Aponta como as diversas instituições de que fazemos parte, inclusive a escola, continuam preocupadas em vigiar, controlar, segregar, etc. Segundo as organizadoras, a construção dos corpos é alvo de diversas pedagogias culturais.

Artigo

ALTMANN, Helena. Orientação sexual nos parâmetros curriculares nacionais. *REV. ESTUD. FEM.*, 2001, v. 9, n. 2, p. 575-585.

Filme

THELMA & Louise. Direção: Ridley Scott. Estados Unidos: MGM / UIP / Pathé Entertainment, 1991. O filme conta a historia de duas amigas que, entediadas com a vida que levavam, resolveram em um final de semana deixar tudo para trás e se aventurar pelo mundo. Mas essa experiência as coloca em situações inusitadas, numa delas acabam sendo perseguidas pela polícia. Nesse filme, é possível percebermos como o diretor põe as mulheres (protagonistas) numa posição de sujeito na vida cotidiana, criticando, denunciando e questionando as próprias experiências.

Site

OBSERVATÓRIO DA JUVENTUDE. Disponível em: <http://www.observatoriojovem.org>. O Observatório Jovem iniciou suas atividades no ano de 2001 e vem desenvolvendo, ao longo desses oito anos de atividades, pesquisa e extensão universitária na Faculdade de Educação e no Programa de Pós-Graduação em Educação da Universidade Federal Fluminense, onde integra a linha de pesquisa Práticas Sociais e Educativas de Jovens e Adultos do Campo de Confluência Diversidade, Desigualdades Sociais e Educação. Acesso em: 27 fev. 2010.

Gênero e sexualidade: a construção dos corpos

Resumo

Neste capítulo, apresentamos um breve histórico das concepções de corpo construídas no cotidiano das relações sociais. Partimos de uma visão histórica em que o corpo é considerado um produto social, histórico e cultural, ou seja, construído a partir de modos relacionais sempre mutáveis porque permeáveis por valores, concepções de mundo e diversas éticas educacionais. Por meio dessa exposição, poderemos perceber como o corpo é construído ao longo das nossas experiências.

Objetivos deste capítulo

- Conceituar corpo e conhecer a história de sua construção
- Redescobrir o corpo como um fundamento constituinte da subjetividade

No primeiro e no segundo capítulo, discutimos o modo como somos educadas/os, como educamos, como reproduzimos e transformamos conceitos e preconceitos no cotidiano. Neste capítulo, examinamos outras questões importantes. Trazemos para dentro da escola as temáticas que anteriormente situamos no cotidiano. Refletir sobre esse tema pode nos incomodar e também nos desacomodar de lugares fixos e conhecidos, mas devemos ter coragem para prosseguirmos nessa viagem sobre gênero e diversidade na escola.

Podemos começar nos colocando uma questão para refletir: afinal, o que é o corpo? Será que o corpo é apenas um aparato biológico que nos permite transitar pelo mundo? Será que ele se reduz a uma máquina perfeita ou a um mero objeto estético a ser contemplado segundo os padrões de beleza vigentes? Diante de tais interrogações precisamos buscar mais elementos para conseguirmos aprofundar nossos conhecimentos em relação ao processo de construção do corpo na escola. Segundo Sant'anna (1995):

> Lugar da biologia, das expressões psicológicas, dos receios e fantasmas culturais, o corpo é uma palavra polissêmica, uma realidade multifacetada e, sobretudo, um objeto histórico. Cada sociedade tem seu corpo, assim como ela tem sua língua. E, do mesmo modo que a língua, o corpo está submetido à gestão social tanto quanto ele a constitui e a ultrapassa (SANT'ANNA, 1995, p. 12).

Sendo processo histórico e social, o corpo é continuamente construído, mutilado, transformado, destituído, enfim, transmutado por pessoas diversas, de diferentes modos e com diferentes objetivos.

Em nosso processo de socialização, o corpo é constantemente moldado através do aprendizado de diferentes gestos para diversas ocasiões sociais, de modos distintos de se comportar perante a família, os amigos e a sociedade de modo geral, de sentar-se com as pernas cruzadas ou não, de manter uma determinada postura corporal diante dos outros, de falar com determinados tons de voz, de baixar a cabeça ou mantê-la sempre ereta, etc. Todos esses movimentos do corpo são aprendidos nas relações que inicialmente mantemos com nosso grupo de socialização primária, mediante seus valores, sua moral e sua forma de conceber homem e mundo.

Quando iniciamos o processo de educação formal, entramos em contato com outros grupos, os quais são denominados de grupos secundários. Neles se incluem a vizinhança, amigos e principalmente a escola. Sendo um lugar de formação, a escola também é construtora e modeladora de corpos. Nas relações que mantemos com nossas/os educadoras/es, também aprendemos gestos, comportamentos, expressões corporais condizentes com os valores pessoais e pedagógicos, não só da/o educadora/or mas da instituição da qual ela/ele participa.

Nas relações sociais e pessoais entre educadora/or e aluna/o aprendemos não apenas os conteúdos formais do conhecimento, mas também modos de ser que são incorporados em nossas condutas diárias, como disciplina, respeito, obediência, ordem, competência, ludicidade, etc. Esses modos são transmitidos simultaneamente pela linguagem e pelos gestos e pelas posturas corporais que os acompanham. Nesse sentido, os modos de contatos e usos do corpo na escola, principalmente pelas relações que mantemos cotidianamente com as/os educadoras/es, podem nos revelar as constantes modificações sócio-históricas que habitam os corpos dependendo dos contextos sociais, culturais, políticos e históricos em que vivemos.

Se percorrermos a história da humanidade, podemos perceber como os corpos e os nossos corpos foram construídos nas relações estabelecidas com orientadoras/es e educadoras/res. Por exemplo, tempos atrás, em função de uma divisão muito rígida de tarefas e papéis sociais, nossas/os educadoras/es dificilmente orientariam mulheres a seguirem carreiras consideradas masculinas. Isso seria vergonhoso e a advertência para seguirmos carreiras consideradas femininas, como a de professora, por exemplo, era considerado um "bem" para a mulher. Assim, ela não desviaria de suas tarefas, dos comportamentos delicados, gestos suaves e modos de usos do corpo próprios de uma mulher desse contexto histórico e cultural, ou seja, nutridora, acolhedora, feminina, gestora.

Mediante esse modo de construção dos corpos como produtos e produções históricas, políticas e culturais, podemos nos perguntar a partir de nossa realidade atual: quais corpos são produzidos e construídos nas relações escolares?

Vocês imaginam que existam tantos corpos quantas sejam as concepções de homem e de mundo em que crescemos e vivemos? Para construirmos uma compreensão sobre esses questionamentos, iremos agora conhecer algumas construções corporais que permeiam nossos processos educativos, dependendo do tipo de valores, dos contextos históricos e políticos, da moral social vigente e também da concepção de gênero predominante em cada sociedade.

Para pensarmos as construções corporais iremos utilizar a tipologia trabalhada por Elódia Xavier (2007) em seu livro *Que corpo é esse? O corpo no imaginário feminino*. Faremos uso apenas de dois tipos elencados pela autora e, a partir deles, refletiremos sobre como a construção do corpo pode ocorrer no cotidiano relacional da escola.

Apesar da constituição biológica, o corpo é também construção social, histórica, cultural, política e, portanto, relacional. Muitas vezes confundimos esses conceitos, ou seja, constituição anatomobiológica e construção histórica, o que nos leva a cometer erros interpretativos sobre as construções e políticas do corpo. Em outras palavras, reduzimos o corpo ao construto biológico, esquecendo que ele é concomitantemente (re)construído em nossas relações sociais. Assim, ao afirmamos que o corpo é construído, queremos explicitar que ele se transforma, se deforma, se constrange, se desenvolve relacionalmente.

O conceito de relação é fundamental para pensarmos as construções de nossos corpos, pois relacionar significa um direcionamento intrínseco em direção ao outro. Em outras palavras, não significamos a vida, as atividades, o mundo e suas manifestações fora das relações com os outros. Sejam eles significativos – aqueles com os quais criamos vínculos afetivos importantes – bem como os generalizados – aqueles com quem construímos relações formais em nossas vidas – não podemos negar a dependência humana que temos deles. Pensem o que seria da escola sem a pessoa que é auxiliar de limpeza, sem a/o distribuidora/or de livros, sem a/o produtora/or de *softwares* e computadores, etc. São pessoas com as quais não temos ou podemos não ter vínculos afetivos, mas com que precisamos nos relacionar para a construção de nossos corpos e seus possíveis saberes.

Professoras/es e educadoras/es, desde há muito, são historicamente conhecidos como outros significativos em nossas vidas. Com elas/es, construímos relações afetivas as quais nos marcam, nos afetam, nos transformam, nos aproximam, nos distanciam. Enfim, professoras/es e educadoras/es são construtores de corpos, os quais poderão ser vivenciados em tipologias diferentes em diversos momentos relacionais. Isso porque, como as relações são dinâmicas, não há como vivenciar apenas uma tipologia de corpo. O que ocorre nesse processo é podermos ter vivências mais intensas e com uma identificação – por um período de tempo maior – com uma das tipologias.

Agora iremos conhecer um pouco mais sobre essas duas tipologias: o corpo invisível e o corpo disciplinado.

O corpo invisível

Que tipo de relações pode ajudar a construir um corpo invisível, ou seja, aquele cuja presença é negada e anulada diante o outro? Você já percebeu como, às vezes, em função da correria do dia a dia, da atenção desfocada, anulamos a presença de um corpo ao nos relacionarmos com ele de modo indiferente? Você já olhou e não viu um aluno? Você já tratou com indiferença aquela/e aluna/o que não corresponde às expectativas em sala de aula? Você já sentiu antipatia por alguma/um aluna/o a ponto de não conseguir manter seu olhar nele?

Nesses momentos, a relação estabelecida transforma esse corpo em invisível, ou seja, aquele que inexiste como sujeito diante mim. Esse tipo de relação acontecia com muita frequência logo no início da categoria histórica da infância, no início do mercantilismo, quando a criança não era considerada um sujeito. A criança era concebida, e muitas vezes ainda é, como um *enfant*, ou seja, como imaturo e inexistente, pois era sempre dito por um adulto. Esse modelo de convivência acontecia também nas escolas, nos internatos e reformatórios, onde a construção dos corpos se processava, na maioria das vezes, pelo princípio da invisibilidade.

Podemos ainda observar esse comportamento em algumas relações onde a pessoa é constantemente constrangida em seu modo de ser, de se expressar, a ponto de ter vontade de "desaparecer" do lugar. Uma educação muito constritora acaba ensinando os corpos a se invisibilizarem, tamanha a vergonha de aparecerem tal como estão sendo no momento. Assim, as relações em que as críticas são realizadas como destituição do outro são relações que podem constantemente construir corpos invisíveis, os quais perdem as referências de suas possibilidades e, muitas vezes, acabam aprendendo a ler a diferença como inferioridade, doença, desvio e anormalidade.

Por essa definição de corpo invisível podemos perceber a seriedade que é a construção de relações no cotidiano da escola e de como essas relações podem gerar corpos invisíveis.

O corpo disciplinado

Diferente do corpo invisível, o corpo disciplinado é aquele construído sob os desígnios das relações de dever ser. Em outras palavras, trata-se de um corpo previsível, ou seja, ser previsível é tanto o meio quanto o fim das regras impostas e jamais questionadas. O resultado de um corpo previsível é o da submissão às regras em todos os níveis. Disciplinamos um corpo através das relações de mérito e castigo: "se você fizer certo será amado e aceito, se fizer errado será castigado".

Dizendo de outro modo, o corpo disciplinado é construído através do temor, da carência. Você já percebeu como, em nossa cultura, ao valorizarmos a obediência como condição de amor, estabelecemos relações de dominações e, através delas, construímos corpos disciplinados? Já imaginou quanto de nossa criatividade, de nossos anseios e sonhos é sepultado em nome de garantir a aceitação e o afeto do outro? Já pensou quanto usamos desse recurso para conseguirmos ordem e disciplina em nossas salas de aula? Para nos sentirmos "respeitados" por nossas/os alunas/os, colegas?

Um corpo disciplinado é um corpo construído em relações impessoais e de imposição nas quais a docilidade da obediência – tão valorizada em diversas instituições – acaba por impedir uma convivência na qual *se está com o outro*. O corpo disciplinado *não relaciona com, mas apenas está entre as pessoas.*

Depois de conhecermos essas duas tipologias de corpos construídos em relações sociais e também escolares, podemos refletir um pouco sobre as consequências dos modos de relações que estabelecemos. Se a escola, enquanto um espaço relacional de construção e respeito à diversidade, estabelece relações que constroem mais corpos invisíveis e disciplinados do que corpos liberados, como fica a qualidade de nossos raciocínios, a construção de nossa cognição, a liberdade de nossa imaginação e do movimento de nossos corpos? Como fica a construção de gênero em nossas relações? Será que temos incentivado nossas/os alunas/os a construírem corpos onde a questão do gênero não é mera justaposição a papéis sociais do masculino e feminino e, muito menos, uma redução à constituição biológica da genitália? Teremos nós mesmos, professoras/es e educadoras/es, o saber sobre a constituição histórica do corpo?

Vamos fazer o exercício de repensarmos nossas práticas relacionais e como estamos nos colocando em relação com os outros. Uma mente saudável, enquanto aquela que pode pensar, ter críticas, discordar, ter consciência das diferenças, é possível em um corpo que pode ter movimentos, que pode sonhar, imaginar, perguntar, tornar-se visível e ter vida própria. Sem isso, iremos continuar reproduzindo relações em que predominarão os corpos invisíveis e os disciplinados, os quais possuem apenas a docilidade da submissão e da repetição de ideias já pensadas, de movimentos sem vida e de saberes prontos.

Será esse o papel da escola, bem como o que desejamos construir em nossos processos relacionais? Essa pergunta deve ser constantemente revisitada para que não percamos de vista o objetivo maior da educação e da/o educadora/or: promover o desenvolvimento das faculdades cognitivas, afetivas, relacionais de tal modo que a/o aluna/o possa se reconhecer como um ser com soberania política pela preservação e cumprimento dos direitos humanos.

Conceitos-chave:
- corpo
- corpo disciplinado
- corpo invisível

Atividade – Vamos sentir nossos corpos?

Objetivo: Essa atividade permite perceber o corpo como o grande sujeito relacional, que expressa valores e significados por meio de gestos, posturas, movimentos, etc.

Materiais utilizados: Folha A4, folhas de papel pardo, giz, cópia das questões para os participantes, lápis e caneta.

Local: Essa atividade poderá ser desenvolvida na sala de aula ou em um espaço alternativo, como no jardim ou pátio da escola.

Sugestão: Essa atividade, constituída por dois momentos, tem como grande objetivo nos ajudar a perceber como culturalmente dicotomizamos as relações de gênero. Esperamos que, no segundo momento da atividade, você possa desconstruir o que escreveu e pensou na primeira parte. Dependendo do objetivo da/o educadora/or, essa atividade poderá ser executada separadamente.

Tempo: 1º momento – 60 minutos
2º momento – 60 minutos

1º Momento:

a) Escreva em um papel palavras/significados que você atribui ao homem. Separe esse papel.

b) Escreva em um papel palavras/significados que você atribui à mulher. Separe esse papel.

c) Coloque um papel ao lado do outro. Tente responder às questões abaixo, relacionando-as a cada uma das palavras que listou. Esperamos que você se surpreenda com suas respostas.

- Será que todas as mulheres são ....?
- Será que todas os homens são ....?
- Não existem homens ....?
- Não existem mulheres................................?
- A pessoa deixa de ser mulher se for ....?
- A pessoa deixa de ser homem se for ....?

Que outra pergunta você sugere? Você mesma/o pode fazer a pergunta e buscar a resposta! Depois da atividade, reúna-se com suas/seus alunas/os para discutirem-na. Utilize o conteúdo do segundo e do terceiro capítulo para mediar a discussão.

2º Momento:

Pegue folhas de papel pardo grande e giz de cera e peça para as/os alunas/os, em duplas, deitarem sobre o papel e esboçarem o próprio corpo. Depois, peça-lhes que deem vida ao esboço. Faça, então, as seguintes perguntas: como preencheriam o corpo desenhado? O que transformariam no próprio corpo? Como imaginam que os outros o veem? Quais os seus movimentos que mais lhes dão prazer? Quais os movimentos mais difíceis? Quais os movimentos que, se realizados, podem ser motivo de críticas e gozações? Quais os principais medos relacionados ao próprio corpo e ao dos outros? Depois da atividade, reúna-se com suas/seus alunas/os para discutirem-na.

Para saber mais

Para aprofundamento das questões colocadas no texto, sugerimos:

Livro

LOURO Guacira Lopes; NECKEL Jane Felipe; GOELLNER Silvana Vilodre (Orgs.). *Corpo, gênero e sexualidade*: um debate contemporâneo na educação. Rio de Janeiro: Vozes, 2003. A partir de distintos campos disciplinares, esse livro analisa a dinâmica e os arranjos postos em ação nas mais diversas instâncias pedagógicas para a constituição do que se considera, atualmente, um corpo educado, decente, moderno, bonito. As análises dos estudiosos e das estudiosas que participam dessa publicação nos falam das posições sociais que, em decorrência de seus corpos, os sujeitos acabam por ocupar em nossa sociedade e, mais do que isso, elas permitem examinar os jogos de poder que sustentam essas posições.

Artigo
CITELI, Maria Teresa. Fazendo diferenças: teorias sobre gênero, corpo e comportamento. *REV. ESTUD. FEM.*, 2001, v.9, n.1, p.131-145.

Revista
REVISTA MUNDO JOVEM. Dinâmica cujo objetivo é desenvolver a consciência dos jovens em relação ao seu físico; perceber o papel dos meios de comunicação ao influenciar nossa autoimagem e como esta afeta nossa conduta; introduzir um conceito mais amplo de beleza. Disponível em: <http://www.mundojovem.com.br/subsidios-dinamicas-47.php>. Acesso em: 27 fev. 2010.

Filme
FALE COM ELA. Direção: Pedro Almodóvar. Espanha: 20th Century Fox, 2002. 1 DVD (112 min.). Esse filme nos fala de como nos identificamos e como cuidamos de afetos nas relações e de como esses afetos transparecem na construção do corpo, seja esse um corpo em estado de coma, seja ele em movimento, seja ele ludibriado por toques indesejados de outras pessoas. Enfim, é um filme que nos comove por podermos perceber como nossos corpos são construídos e transformados nas relações cotidianas.

A construção social da sexualidade

Resumo

Neste capítulo, expomos algumas ideias acerca da construção social da sexualidade. Entendemos a sexualidade como um processo complexo, que começa a se desenvolver antes mesmo do nascimento. Apresentamos a aprendizagem como uma atividade sexuada e mostramos que a escola, com suas práticas pedagógicas, pode contribuir para a construção das identidades de gênero, sobretudo da sexualidade do ser humano.

Objetivos deste capítulo
- Compreender a sexualidade como construção sociorrelacional
- Reconhecer a aprendizagem como atividade sexuada
- Conceber o corpo como realidade constituída por processos sociais discursivos

Agora que conhecemos um pouco da história da construção do corpo, já não podemos reduzi-lo a seu aspecto biológico. Embora nasçamos com um organismo significado como corpo, cada uma/um de nós constrói identificações de gênero. Somos corpo, genitália, mas também somos a imagem que produzimos desse corpo, a qual vai se construindo tanto pelo espaço-tempo do corpo e da genitália como pelo ambiente, pela cultura e pelos significados que nos cercam, ou seja, pela forma como aprendemos a simbolizar o fato de termos nascido homem ou mulher em determinado meio e cultura, com suas relações de valores e representações.

Assim, não é apenas a genitália que nos dá a noção de sermos homens e mulheres, mas também a aprendizagem do que é ser homem e mulher em determinado ambiente, com suas regras, seus símbolos, seus valores e suas representações sociais de masculino e feminino. Segundo Alicia Fernandez (1992), podemos dizer que a aprendizagem não é um processo assexuado, como não será assexuado o ensino. Ensinamos por meio do toque, da carícia, da alimentação de um bebê. Ao tocarmos, acariciarmos, alimentarmos, estamos também ensinando formas de ser homem ou mulher, e construindo uma noção de corpo de homem e de mulher.

Quando um pai pega um filho no colo, ele não pode – à exceção das situações patológicas – omitir a diferença de gênero que faz pela linguagem ao usar a palavra "filho". Sua concepção de mulher atravessa as carícias que destina a sua filha. O mesmo ocorre com o filho. Amamentar o filho não é nem melhor nem pior do que amamentar a filha, mas necessariamente é diferente. Desconsiderar essa diferença no modo de acolher uma/um filha/o e de dirigir-se a ela/e pela linguagem é difícil, pois aprendemos o mundo, suas relações de gênero e modos de comportamento primeiramente pela linguagem e pelo contexto cultural em que fomos socializados.

Fernandez mostra que aprendemos o que é ser homem e mulher tanto pela linguagem como pelas formas culturais e políticas que nos circundam. Segundo a autora, formas culturais são as

> [...] significações do que é ser homem e do que é ser mulher que a sociedade provê através dos mitos, da linguagem que usamos e que nos usa, dos meios de comunicações e dos sistemas de ensino, todos eles infiltrados pela discriminação sexista (FERNANDEZ, 1992, p. 39).

Essa aprendizagem é tão curiosa a ponto de, por exemplo, o que é culturalmente considerado feminino muitas vezes entrar em contradição com as formas somáticas femininas. Essa contradição gera um trabalho maior na construção da subjetividade feminina, devido à redução do cultural ao biológico, já contemplada na introdução e no capítulo dois desta publicação. Acontece algo semelhante na aprendizagem do masculino: quantas vezes afirma-se que um homem não pode chorar, se sensibilizar, pois esse tipo de atitude não condiz com sua forma somática de forte?

Esses exemplos têm o propósito de nos fazer entender que a construção da sexualidade não acontece apenas em função da genitália, mas simultaneamente aos códigos ou às formas culturais que imperam no ambiente, na sociedade e nos sistemas de ensino e de comunicação de uma determinada época histórica e política.

Como estamos tratando de sistemas de ensino, devemos refletir como ensinamos nossas crianças a serem homens e mulheres. Já pensaram na afirmação, feita acima, de que todo sistema de ensino é sexuado? Com que corpo vamos para nossas salas de aula? Quais funções cultural, social e política caracterizam esse corpo? Será que permitimos que outras construções de corpos entrem em nossas salas de aula? Para refletirmos sobre essas perguntas, recorremos a alguns autores que se preocupam com a importância de atentarmos para o modo como é construída nossa formação e nossa consequente atuação no cotidiano da escola.

Assim, Jimena Furlani (2003), no quinto capítulo do livro *Corpo, gênero e sexualidade: um debate contemporâneo na educação* discute a educação sexual para crianças de uma perspectiva segundo a qual a sexualidade constitui o sujeito em todas as etapas de sua existência. Essa constituição em desenvolvimento constante requer da escola uma dedicação continuada a essa temática, e não apenas localizada em algumas atividades. A restrição do espaço de discussão da sexualidade a determinadas disciplinas pode implicar uma fragmentação do corpo ou mesmo uma transformação do corpo e da sexualidade em modelos conteudistas. É como se o corpo e a sexualidade não nos acompanhassem em todos os movimentos da vida e em todas as relações pessoais, sociais, culturais e políticas de que participamos em nosso cotidiano. Uma atenção continuada à temática da constituição do corpo e da sexualidade tem por objetivo propiciar uma desconstrução de padrões de sexualidade e de seus preconceitos. Para uma atenção continuada, devemos sempre nos lembrar do processo de aprendizagem como um processo sexuado. Isso significa que nosso corpo está presente o tempo todo com gestos, posturas, tonalidades de voz, que dizem, em linguagem clara, muito do que pensamos e sentimos diante do outro. Lembre-se de que o corpo denuncia nossas formas de sentir e pensar!

Tomando como base a linguagem com a qual educadoras e educadores introduzem as discussões em sala de aula, Furlani (2003) enfatiza que a escola não apenas reproduz modelos de normalidade, mas também os engendra. Isso quer dizer que a escolha do vocabulário que se utiliza no cotidiano escolar está atravessada pelas relações de poder. O uso do termo "homem" com acepção genérica, para fazer referência à espécie humana, é criticado por essa autora, que o localiza em um momento histórico anterior ao movimento feminista. De modo semelhante, a frase "meninos têm pênis, meninas têm vagina" atribui à menina um órgão que não é visível, o que traz mais confusão do que explicação sobre as diferenças anatômicas. Você já prestou atenção no uso da linguagem culta quando vamos nos dirigir a alguém? Usamos, de modo generalizado, o artigo masculino tanto para homens como para mulheres. Essa generalização é o que a autora denuncia.

Com esses exemplos, o que desejamos é reafirmar a ideia de que o corpo é social e historicamente construído por meio de discursos atravessados por relações de poder. Esse poder é uma constante não apenas nas pedagogias culturais da sexualidade, nas suas implicações na constituição das identidades de gênero e nos modos de experienciar e configurar a corporeidade, mas também na linguagem que utilizamos em nossas salas de aula com nossas/os alunas/os. Assim, devemos prestar atenção na nossa linguagem e nos perguntar: será que não utilizamos uma linguagem que ainda se pauta nas diferenças biológicas e nas suas polaridades exclusivas ao conduzirmos nossas atividades em sala, ao nos dirigirmos à/ao aluna/o, criticando-o em relação a alguma conduta que não deveria ter? "Isso não é coisa de menina!"; "Um menino não age dessa forma! Você não tem vergonha de fazer assim? Está parecendo uma menininha!" Questionarmo-nos a respeito de nossa linguagem, de nosso modo de perceber as diferenças entre meninos e meninas, homens e mulheres, masculinidades e feminilidades e com relação à forma como tais diferenças são naturalizadas em nosso discurso e em nossa conduta, pode contribuir para a explicitação das desigualdades na constituição da sexualidade e para a luta contra elas.

Assim, é importante nos perguntarmos: a fragilidade é mesmo inata às meninas e a agressividade é mesmo inata aos meninos? Por que a função primeira das mulheres é cuidar dos filhos e a dos homens é "ganhar a vida"? Por que é "natural" que uma menina queira ser professora e goste de crianças? Por que os meninos "não podem" brincar com bonecas e as meninas jogar futebol? Por que, em algumas escolas, há uma velada pressão para que as professoras usem aventais e os alunos e as alunas usem uniformes? Essa pressão advém apenas da intenção de evitar que sujemos nossas roupas de giz e garantir a segurança das alunas e dos alunos? "Em que grau e de que modo a escola está implicada na produção e reprodução desses processos de desigualdade e de diferenciação cristalizada dos sujeitos?" (FRANÇA, 2005).

Atentarmos para o modo como construímos as relações de gênero e a sexualidade na escola implica recorrermos a novos modos de pensar e a novas pedagogias. Precisamos problematizar aquilo que cotidianamente percebemos como natural e harmônico, bem como trabalhar realidades que até agora foram silenciadas na escola, como os corpos dos sujeitos envolvidos no processo de ensino-aprendizagem, sua sexualidade, seus desejos e sentimentos. Na escola tradicional, onde o ensino volta-se para o que é exterior à/ao aluna/o (programa, disciplina e professor como autoridade máxima), a/o aluna/o não pode expressar sentimentos, expor sua subjetividade, deve apenas seguir o que é considerado "correto" para uma/um boa/bom aluna/o. Um projeto educacional que exige que a/o aluna/o siga um modelo preestabelecido, não pergunte nem "dê trabalho", nega a existência de corpos que sentem, que desejam e que são ativos em suas construções. Negar o movimento de construção da sexualidade é atribuir uma bidimensionalidade ao ser humano, tomando-o como uma folha de papel com apenas dois lados. Trata-se do problema da redução do corpo ao seu caráter biológico. Nos dizeres de Lopes (1994, p. 29), "para considerar tais aspectos há de se realizar investimentos pessoais e ter 'disposição' para saber como nos constituímos em atores sociais, professoras e professores, mães e pais, filhas e filhos, trabalhadoras e trabalhadores, mulheres e homens". Queremos saber isso? Sobre isso? Vamos refletir sobre o tipo de educadoras/es que estamos sendo?

Conceitos-chave:
- linguagem
- subjetividade
- sistemas de ensino

Atividade – A musica como expressão da construção de gênero

Objetivo: Possibilitar que desconstruamos e reconheçamos a constituição identitária de gênero.

Materiais utilizados: Cópias da música, CD com a música, aparelho de som, papel, lápis e caneta.

Local: Essa atividade poderá ser desenvolvida na sala de aula ou em um espaço alternativo, como no jardim ou pátio da escola.

Sugestão: Para desenvolver essa atividade sugerimos o espaço da brinquedoteca ou similar. Depois de escutar a música, refletir e dialogar sobre as questões sugeridas, proponha as/aos alunas/os encenar uma peça teatral sobre a construção do gênero.

Tempo: Sugerimos 50 minutos para escutar, refletir e discutir as questões propostas. Para construir e ensaiar a peça teatral propomos dois meses.

Leia a letra da música abaixo e, em seguida, responda às questões.

Feminina

Joyce Silveira Moreno

- Ô mãe, me explica, me ensina, me diz o que é feminina?
- Não é no cabelo, no dengo ou no olhar, é ser menina por todo lugar.
- Então me ilumina, me diz como é que termina?
- Termina na hora de recomeçar, dobra uma esquina no mesmo lugar.
- Costura o fio da vida só pra poder cortar
- Depois se larga no mundo pra nunca mais voltar
- Ô mãe, me explica, me ensina, me diz o que é feminina?
- Não é no cabelo, no dengo ou no olhar, é ser menina por todo lugar.
- Então me ilumina, me diz como é que termina?
- Termina na hora de recomeçar, dobra uma esquina no mesmo lugar.
- Prepara e bota na mesa com todo o paladar
- Depois, acende outro fogo, deixa tudo queimar
- Ô mãe, me explica, me ensina, me diz o que é feminina?
- Não é no cabelo, no dengo ou no olhar, é ser menina por todo lugar.
- Então me ilumina, me diz como é que termina?
- Termina na hora de recomeçar, dobra uma esquina no mesmo lugar.
- E esse mistério estará sempre lá
- Feminina menina no mesmo lugar

FONTE: MORENO, Joyce Silveira. *Feminina*. São Paulo: EMI/Odeon, 1980. 1 disco compact (34:38): digital, estéreo.

Agora, cara/o educadora/or, continuaremos com nosso desafio de nos revisitar, realizando essa tarefa tão polêmica que é refletir sobre o que nos ensinam a entender como uma simples obra da natureza, o corpo. Questões:

a) O corpo é uma mera constituição biológica?
b) Ele se reduz a um organismo e suas funções vitais?
c) O corpo é algo que devemos desconsiderar na construção de nossa identidade e nas relações de gênero?

Atividade – Vamos trocar experiências?

Objetivo: Promover a troca de experiências acerca de situações que envolvam a construção dos corpos e da sexualidade.

Materiais utilizados: Cópia das questões para os participantes, papel, lápis, borracha e caneta.

Local: Essa atividade poderá ser desenvolvida na sala de aula ou em um espaço alternativo, como no jardim ou pátio da escola.

Sugestão: Reúna as/os professoras/es de sua escola para desenvolverem essa atividade, seja num pequeno ou grande grupo, o importante é que, depois da reflexão em cima de cada pergunta, as/os participantes possam compartilhar as respostas a fim de promover o debate entre elas/es.

Tempo: Para reflexão sobre as questões, sugerimos 10 minutos. Para o debate, sugerimos 45 minutos.

Vamos imaginar uma situação! O cenário é uma sala de aula com meninos e meninas. De repente, uma das meninas menstrua na sala e o sangue aparece em sua roupa, bem como na carteira onde se senta.

Perguntas: como você abordaria a situação-problema na sala de aula? Sugeriria que a menina permanecesse sentada até que todos saíssem da sala? Terminaria a aula antes do horário? O que diria aos meninos e às meninas sobre essa situação?

Para saber mais

Para aprofundamento das questões colocadas no texto, sugerimos:

Livro

XAVIER, Elódia. *Que corpo é esse?* O corpo no imaginário feminino. Santa Catarina: Editora Mulheres, 2007. O livro compõe-se de diversas categorias sobre o corpo, escritas a partir da análise literária da autora. Segundo ela, existem diversos tipos de corpos, como o corpo subalterno, o corpo erótico, o corpo desvalido, o corpo obediente, etc. No livro, são descritas diversas tipologias de corpo que denunciam histórias e memórias de mulheres em diferentes contextos históricos e sociais, narradas a partir de contos, ficções e realidades vivenciadas por diferentes mulheres. É um livro importante para compreendermos as maneiras como aprendemos modos e usos de nossos corpos dependendo da cultura e tempo histórico em que vivemos.

Artigo

ALTMANN, Helena. Orientação sexual nos parâmetros curriculares nacionais. *REV. ESTUD. FEM.*, 2001, v.9, n.2, p.575-585.

Filme

BILLY ELLIOT Direção: Jamie Bell. França, Reino Unido: Universal Home Vídeo, 200. Garoto de 11 anos deixou de exercitar o boxe quando conheceu, na mesma academia em que treinava, o balé. Billy fica fascinado com a magia do balé e resolve enfrentar seus familiares para se dedicar à atividade escolhida.

Sites

CORES Centro de Orientação em Educação e Saúde. Equipe multidisciplinar que atua em instituições de ensino públicas e particulares e centros de assistência social e que estabeleceu parcerias com as Secretarias Municipais de Educação e Saúde. Disponível em: <http://www.edusex.com.br>. Acesso em: 27 fev. 2010.

PORTAL DA SEXUALIDADE. *Site* que disponibiliza conhecimento a respeito da saúde sexual, para três segmentos de internautas: a população, os profissionais de saúde e educadores, e os médicos. Disponível em: <http://www.portaldasexualidade.com.br>. Acesso em: 27 fev. 2010.

As relações de gênero na escola: diferenças e semelhanças

Resumo

Trabalhar as relações de gênero na escola é uma atitude necessária, que precisa ser aprimorada a cada dia. Precisamos conceber novas práticas pedagógicas, mais participativas e mais críticas.

Objetivos deste capítulo

- Identificar dificuldades e facilidades no trabalho com questões sobre sexualidade
- Compreender a sexualidade como construção fundamental na formação da subjetividade
- Identificar o comportamento das/dos professoras/es em relação às diferenças e semelhanças na escola

Vejamos agora um pouco de nosso cotidiano escolar por meio de um exemplo.

Em aulas ministradas na educação a distância (EaD) de uma faculdade privada no curso de Pedagogia, diversas professoras relatam casos sobre a relação das crianças com a sexualidade. Em uma das aulas, uma professora nos conta sobre o caso de crianças que se escondem sob a mesa do professor para se beijarem e passarem a mão no corpo uma da outra. Muitas vezes, elas as encaminham para a coordenação da escola e dizem não saber como agir diante dessa situação. Mas em uma grande maioria das vezes acabam ficando bravas com as crianças diante da sala, colocam-nas de castigo e discursam que aquele comportamento é coisa suja e as meninas deveriam ficar com vergonha do que fazem, pois isso não é coisa para uma menina fazer.

A partir desse exemplo no cotidiano da sala de aula, que tipo de questões você se coloca? Como você analisaria o comportamento dessas crianças? As crianças, com seu comportamento, lhes causa algum estranhamento? Será que as/os meninas/os, nesse contexto, devem ter informações sobre o que fazem, ou isso não é coisa para crianças? Que tipo de informação sobre o corpo, a sexualidade e sobre "ser menina/o" esse exemplo produz? Agora, pense nas crianças expostas em sala. O que você acha? Dá para sentir o constrangimento advindo da exposição das crianças na sala de aula? A postura da professora não é um modo de expressar preconceitos, transmitidos e retransmitidos às crianças, contra os corpos, os sentimentos e as sensações? Por que o corpo feminino com suas manifestações estão acompanhados de uma postura envergonhada, diferentemente do corpo masculino e suas manifestações?

Esse exemplo revela um modo de construção do corpo e da sexualidade das crianças em uma cultura que acentua diferenças, coloca-as sob o olhar da moralidade e ignora a existência do corpo, utilizando-se de estratagemas para disfarçar e esconder as manifestações ditas vergonhosas. "Trata-se de uma forma de negar o corpo e a sexualidade da criança, com o suposto intuito de preservar a infância. A sexualidade seria, dessa perspectiva, um atributo dos adultos" (BARROSO, 1980, p. 45).

Anteriormente, dissemos que não existe educação assexuada nem ensino assexuado. Ao educarmos, somos responsáveis pelas/os alunas/os, pessoas inteiras, que devem ser respeitadas em sua unidade e preservadas sempre, em qualquer idade. Tais pessoas são constituídas por corpos, emoções, desejos, vontades e sensações. Isso não se explica no âmbito preciso de determinados conteúdos ou disciplinas, mas se aprende, se conhece e se sente mediante muitas vivências, aí incluídas as horas passadas na escola. "Nessa perspectiva, cabe à escola trabalhar, além dos corações e das mentes, os corpos, evitando tomá-los como meros invólucros ou matérias pecaminosas" (FRANÇA, 2005).

Todavia, o problema não se esgota no modo como aprendemos a negar o corpo na escola e nos livros didáticos. Se nos dispusermos a sair de nossas zonas de conforto no tratamento de questões de gênero e sexualidade, vamos deparar com alguns véus utilizados para esconder e dissimular o caráter social, histórico, político e cultural do binarismo, da polaridade, da exclusividade (exclusão) que distinguem nossa compreensão dos gêneros. Se nos dispusermos a caminhar um pouco mais, perceberemos como reproduzimos tabus, mitos e preconceitos relativos à sexualidade no cotidiano da escola, e descobriremos como ainda está longe a construção democrática de homens e mulheres, baseada no reconhecimento de que são seres livres e inacabados.

Questionemo-nos um pouco mais. Quantas vezes já dividimos as crianças, na organização de um jogo, em "time das meninas" e "time dos meninos"? Para consolar algum aluno após um rotineiro tombo, dizemos "Vamos lá! Menino não chora!"? A escola em que lecionamos ministra aulas de Educação Física separadamente para meninos e meninas? Temos menos tolerância com as meninas diante do que consideramos indisciplina no ambiente escolar, uma vez que as julgamos, as idealizamos e as desejamos mais quietinhas e educadas? Ao abordar assuntos como família, apresentamos algo que remonte aos comerciais de margarina a que assistimos na televisão, nos quais o pai é o provedor, a mãe dona de casa (de preferência, um casal heterossexual) e os filhos são adultos miniaturizados? Ao tratar de profissões, debatemos com alunas e alunos sobre a possibilidade de que aquilo que chamamos de aptidão possa corresponder, na verdade, a uma determinação profissional segundo os estereótipos de gênero? "Quantas vezes já ouvimos (e acabamos por concordar com) frases como "O problema dessa escola é que tem muita mulher" ou "Essa escola tem problemas porque sempre que muitas mulheres se reúnem sai encrenca e fofoca"? (FRANÇA, 2005).

Levantarmos essas questões é importante para relativizarmos aspectos do humano muito banalizados no cotidiano escolar e dados como naturais em nossas vidas. Assim, para sairmos da zona de conforto do que é dado como natural, devemos nos dispor a potencializar a escola como espaço privilegiado de construção da semelhança humana. Devemos converter nossos questionamentos e reflexões em ações que correspondam à aspiração por uma sociedade "na qual homens e mulheres possam expressar os seus corpos e expressarem-se com os seus corpos" (FRANÇA, 2005).

Enfatizando a importância de os corpos poderem se expressar de forma mais independente dos condicionamentos das relações de gênero, tal como as descrevemos anteriormente, o Relatório da IV Conferência Mundial sobre a Mulher, realizada em Beijing (China), apresenta a seguinte proposta:

> A criação de um ambiente educacional e social onde homens e mulheres, meninos e meninas sejam tratados igualmente e encorajados a explorarem completamente seu potencial, respeitando a liberdade de pensamento, de consciência, de religião e de crença, e onde os recursos educacionais promovam imagens não estereotipadas de homens e mulheres pode ter resultado efetivo na eliminação das causas da discriminação contra as mulheres e de desigualdades entre as mulheres e os homens (ONU, 1995, p. 29).

Se não temermos a criação do ambiente educacional e social acima descrito e, consequentemente, conseguirmos, em alguma medida, emancipar-nos dos estereótipos de gênero, poderemos formar professoras e professores conscientes do funcionamento desses estereótipos tanto na escola como na sociedade e, especialmente, em suas vidas de mulheres-professoras e homens-professores.

Lutar contra os preconceitos de alunas e alunos torna-se difícil se a/o professora/or tem atitudes discriminatórias. Como criará condições para que as crianças e adolescentes conheçam a si mesmas – suas ideias, sentimentos, corpos e sensações – se ela/e própria/o não se conhece? Como estimular a igualdade, a democracia e o respeito entre os alunos e as alunas se esses valores ainda não são privilegiados pelo corpo docente?

O foco de nossa reflexão deve ser a formação permanente de professoras e professores. Quais as dificuldades e possibilidades que se colocam para elas/eles ao refletirem sobre seus próprios processos de formação? Que relação você estabelece entre a escolha do magistério e suas concepções de gênero?

Essas reflexões possibilitam problematizar uma determinada visão do fazer profissional, tornando possível que o ser professor ou o ser professora emerja em seu vínculo com sentimentos e afetos, emoções e desejos. Essa problematização permite considerar o sujeito em suas determinações de sexo e gênero, idade, raça/etnia e corpo. Não podemos mais, cartesianamente, reduzir a vida escolar às suas dimensões racionais e conteudistas, pois essa redução, além de ignorar a tridimensionalidade das experiências escolares, fragmenta a vida e o corpo do docente, conformando-os aos âmbitos excludentes do público e do privado.

Desse modo, repensar a formação dos/as professores/as da perspectiva das relações de gênero é condição para construirmos relações de semelhança e respeito na escola. Essa tarefa se refaz cotidianamente, desde que nos desacomodemos de nossos lugares fixos de autoridade acadêmica e questionemos os motivos de sermos professoras/es. Quais modelos buscamos para nos tornarmos mulheres-professoras ou homens-professores? Como vivenciamos, no cotidiano da vida e da escola, nossas identidades femininas e masculinas? Como percebemos nossos corpos e os corpos de outras pessoas? As respostas a essas perguntas apontam caminhos para a construção da semelhança e da dignidade humanas, caminhos que, necessariamente, passam pela constante revisão das relações de gênero e da sexualidade na escola e em todas as outras esferas de nossa vida.

Conceitos-chave
- preconceitos
- liberdade
- zonas de conforto
- estereótipos
- estereótipos de gênero

Atividade – Refletindo sobre sexualidade e educação

Objetivo: Estimular a reflexão sobre o enfrentamento das questões voltadas para o desenvolvimento da sexualidade.

Materiais utilizados: Papel, jornal, revista, fotos, pasta, caneta, caneta hidrocor e lápis.

Local: Essa atividade poderá ser desenvolvida em sua casa ou no ambiente escolar.

Sugestão: Você poderá fazer essa atividade sozinha/o ou poderá convidar outras/os professoras/es para construí-la e desenvolvê-la coletivamente.

Tempo: Para reflexão sobre as questões, sugerimos 15 minutos.

Para o debate, sugerimos 45 minutos.

Construção do portfólio – tempo indeterminado

Até agora, vimos a importância da diferenciação de dois conceitos, gênero e sexualidade, e examinamos o fato de a educação ser um processo de aprendizagem sexuado. Em outras palavras, tanto gênero como sexualidade são construções que se transformam cotidianamente em função das relações sociais, históricas e políticas que estabelecemos em nossas vidas. Levando em conta esse novo ponto de partida, ou seja, pensando o gênero e a sexualidade como relações construídas e desconstruídas nos contextos sociais, históricos e políticos em que tecemos nossas identidades, reflita sobre o trecho abaixo, extraído do livro de Guacira Louro *Gênero, sexualidade e educação*:

> O que importa considerar é que – tanto na dinâmica do gênero como na dinâmica da sexualidade – as identidades são sempre *construídas*, elas não são dadas ou acabadas num determinado momento. Não é possível fixar um momento – seja esse o nascimento, a adolescência, ou a maturidade – que possa ser tomado como aquele em que a identidade sexual e/ou a identidade de gênero seja "assentada" ou estabelecida. As identidades estão sempre se constituindo, elas são instáveis e, portanto, passíveis de transformação (LOURO, 1995, p. 27).

Considere ainda o que diz Deborah Britzmans:

> *Nenhuma* identidade sexual – mesmo a mais normativa – é automática, autêntica, facilmente assumida; *nenhuma* identidade sexual existe sem negociação ou construção. Não existe, de um lado, uma identidade heterossexual lá fora, pronta, acabada, esperando para ser assumida e, de outro, uma identidade homossexual instável, que deve se virar sozinha. Em vez disso, toda identidade sexual é um construto instável, mutável e volátil, uma *relação social* contraditória e não finalizada. (BRITZMANS, 1996, p. 74)

Sugerimos que, após a leitura, você discuta as seguintes questões, relativas à construção das relações de gênero e à sexualidade no cotidiano escolar:

a) Você percebe como acontece essa construção na prática da sala de aula?

b) Como você lida com as questões sobre gênero e sexualidade trazidas pelas crianças?

c) Que estratégias você utiliza para trabalhar essas questões com as/os alunas/os, em sala de aula, e com os profissionais do corpo docente?

Essas são algumas sugestões de reflexão. Mas não se fixe nelas, explore o conteúdo do texto e construa um portfólio individual, para registro de lembranças, experiências, problemas enfrentados, tentativas de solução que resultaram ou não em êxito, temores e dúvidas. Esse registro é importante tanto para retornarmos a ele em futuras reflexões e percepções de mudanças quanto para partilharmos nossas experiências com os colegas. O portfólio se configura como instrumento de verificação do progresso do aluno em termos de aprendizagem e crescimento pessoal. Os documentos, comentários, reflexões e demais registros feitos servirão para que a/o aluna/o encontre o significado de suas ações e entenda o porquê do sucesso ou do fracasso percebidos na avaliação de cada tarefa ou etapa de um programa educacional, avaliação esta que será feita por ele mesmo e por seus formadores. A/O aluna/o poderá ser convidada/o a anexar, junto aos trabalhos que seleciona e insere em seu portfólio, diferentes anotações e comentários que sejam o registro da sua percepção quanto à validade de cada tarefa proposta em termos da contribuição para sua aprendizagem e das dificuldades encontradas em sua realização. A/O educadora/or, por sua vez, junta ao portfólio seus comentários sobre cada trabalho, dando à/ao aluna/o o necessário retorno como contribuição para decisões que visem ao seu progresso. A/O aluna/o poderá, portanto, perceber que decisões tomadas anteriormente contribuíram ou não para o desenvolvimento de sua aprendizagem, bem como para uma avaliação da mesma junto à/ao professora/or. Assim, o portifólio é um instrumento de registro para ambos (professora/o e aluna/o).

Propomos que, após esse trabalho de autoconhecimento, você realize algumas atividades com suas/eus alunas/os, considerando a vivência e a experiência que elas e eles possuem e tendo em vista a construção e a desconstrução de questões sobre sexualidade e gênero.

Atividade – Quem sou eu?

Objetivo: Analisar artefatos culturais produzidos para crianças, observando:

- a concepção de infância que pressupõem;
- a concepção de masculino e feminino que priorizam;
- as práticas sociais de exclusão e os preconceitos que estimulam;
- os efeitos das representações que promovem na constituição identitária de gênero de meninos e meninas.

Materiais utilizados: Papel, caneta, lápis, CD com a música, aparelho de som e cópia da letra da música para os participantes.

Local: Essa atividade poderá ser desenvolvida na sala de aula ou em um ambiente alternativo da escola.

Sugestão: Para aprofundar a discussão, você pode analisar, entre outros produtos destinados às crianças, brinquedos, letras de música, livros, desenhos e brincadeiras. Uma implicação importante dessa atividade é a socialização de histórias de vida, considerando as diversas pedagogias de sexualidade e de gênero em que nos constituímos.

Tempo: 30 minutos

Analisar os discursos, as representações e as práticas discursivas que constituem a escrita de nossas vidas no decorrer de nossas histórias e pedagogias de sexualidade e de gênero. Para uma prática reflexiva de fechamento dessa segunda proposta de análise, leia a letra da música "Homem com H" que segue e discuta com os colegas o processo de construção das relações de gênero tanto na escola como em outros lugares de suas vidas.

Homem com H

Letra de Antônio Barros
Interpretação: Ney Matogrosso

Nunca vi rastro de cobra
Nem couro de lobisomem
Se correr o bicho pega
Se ficar o bicho come
Porque eu sou é home
Porque eu sou é home
Menino eu sou é home
Menino eu sou é home
E como sou!...(2x)
Quando eu estava prá nascer
De vez em quando eu ouvia
Eu ouvia a mãe dizer:
"Ai meu Deus como eu queria
Que essa cabra fosse home
Cabra macho prá danar"
Ah! Mamãe aqui estou eu
Mamãe aqui estou eu
Sou homem com H
E como sou!...
Nunca vi rastro de cobra
Nem couro de lobisomem
Se correr o bicho pega
Se ficar o bicho come
Porque eu sou é home
Porque eu sou é home
Menino eu sou é home
Menino eu sou é home
E como sou!...

Cobra! Home!
Pega! Come!
Porque eu sou é home
Porque eu sou é home
Menina eu sou é home
Menina eu sou é home...

Eu sou homem com H
E com H sou muito home
Se você quer duvidar
Olhe bem pelo meu nome
Já tô quase namorando
Namorando prá casar...

Ah! Maria diz que eu sou
Maria diz que eu sou
Sou homem com H
E como sou!...

Nunca vi rastro de cobra
Nem couro de lobisomem
Se correr o bicho pega
Se ficar o bicho come
Porque eu sou é home
Porque eu sou é home
Menino eu sou é home
Menino eu sou é home
E como sou!...

Cobra! Home!
Pega! Come!...

Nunca vi rastro de cobra
Nem couro de lobisomem
Se correr o bicho pega
Se ficar o bicho come
Porque eu sou é home
Porque eu sou é home
Menino eu sou é home
Menino eu sou é home...(3x)

Disponível em: <http://www.letras.terra.com.br>. Acesso em: 27 fev. 2010.

Para saber mais

Para aprofundamento das questões discutidas no texto, sugerimos:

Livro

AUAD, Daniela. *Educar meninas e meninos*: relações de gênero na escola. São Paulo: Contexto, 2006. Nesse livro, a autora propõe discutir diversos assuntos relacionados à educação e gênero. A temática central está voltada para uma educação que se preocupe com o direito da igualdade respeitando as diferenças. Apresenta os princípios, implantação e a prática da coeducação e da escola mista.

Artigo

FREIRE, Sandra F.C. D.; SABARENSE, S.; BRANCO, A. U. Gênero, sexualidade e educação: das afinidades políticas às tensões teórico-metodológicas. *Psico*, Porto Alegre, PUCRS, v. 40, n. 2, p. 184-193, abr./jun. 2009.

Filme

PRECIOSA- Direção: Lee Daniels. USA: Playarte Pictures, 2010. O filme conta a história de uma jovem, obesa, negra e analfabeta que é violentada pelo pai e por sua mãe. Num determinado momento de sua vida, Preciosa é encaminhada para uma escola. Nessa nova escola, ela estabelece uma relação diferente com suas/eus colegas e com a professora. A partir desse encontro, Preciosa começa um trabalho de recuperação de sua autoestima.

Site

ASSOCIAÇÃO BRASILEIRA DE ORIENTAÇÃO PROFISSIONAL. Página com indicação de diversos livros relacionados ao assunto. Disponível em: <http://www.abopbrasil.org.br/livros.php>. Acesso em: 27 fev. 2010.

Parte II

Um pensar que faz e um fazer que pensa

Prezada/o educadora/or,

Nas páginas anteriores pudemos conhecer conceitos importantes para a compreensão dessa publicação sobre Gênero e Diversidade. Para iniciarmos uma práxis sobre o tema, ou seja, para construirmos um pensar que faz e um fazer que pensa, precisamos conhecer a delimitação e contextualização histórica e cultural dos conceitos de gênero, sexualidade, corpo, subjetividade e cultura, métodos pedagógicos aplicados pela escola, bem como sua orientação de valores éticos utilizados na construção e formação das/os alunas/os.

Pensamos que um dos principais motivos da Educação é, além da transmissão do conteúdo didático-pedagógico, a construção de uma sensibilidade para apreendermos pessoas e seus modos diferenciados de ser. Para tanto, devemos atentar para nossos preconceitos, juízos morais, concepções de certo x errado que aprendemos em nossos processos socializatórios e que pela ação de automatismos não percebemos como os reproduzimos em nossas relações.

Formar sensibilidades para perceber educadora/or e estudantes como pessoas é possível em um primeiro momento pelo conhecimento renovado dos conceitos bases que estudamos até então, e em um segundo momento, pela prática continuada destes conhecimentos nas relações.

Como forma de realizarmos a práxis iremos explorar alguns exemplos do que é um pensar que faz e de um fazer que pensa, a partir do uso da metodologia ativa e das oficinas que iremos expor nos próximos capítulos.

Agradecemos sua atenção até esse momento do estudo e esperamos que os conhecimentos expostos continuem motivando-as/os a uma compreensão melhor sobre o tema.

Valorizando a autonomia do sujeito com práticas mais contextualizadas

Resumo

Neste capítulo, realizamos uma introdução a questões relativas às práticas pedagógicas, bem como à autonomia do sujeito frente ao processo de ensino e aprendizagem. Construímos uma visão crítica acerca da escola tradicional e dos seus métodos, que ainda povoam as nossas escolas. Por fim, sugerimos uma metodologia por meio da qual os sujeitos constroem juntos, dialeticamente, o conhecimento.

Objetivos deste capítulo
- Explicar o conceito de método
- Reconhecer os métodos utilizados pela escola tradicional
- Compreender o que é Metodologia Ativa

> *A autoria de pensamento supõe diferenciação, agressividade saudável, "revolta íntima", a partir da qual há possibilidade de reencontro com o outro. Acesso a nós mesmos.*
> ALÍCIA FERNÁNDEZ

Sabemos que, atualmente, grande parte das/os educadoras/es questionam o sistema escolar, a pedagogia, a psicopedagogia; sabemos que fazem críticas construtivas para melhorar o ensino em nosso país e perguntas a respeito dos métodos e das atividades que devem utilizar, entre outras perguntas que constantemente povoam o seus pensamentos. Há uma preocupação maior com a interação entre professora/or, alunas/os e conhecimento. Nós nos preocupamos com um ensino menos tecnicista e mais crítico. Quando pensamos em trabalhar gênero na escola, devemos ter em mente práticas pedagógicas menos tradicionais e mais inovadoras, precisamos considerar a realidade, o contexto, a história de cada sujeito envolvido no processo de interação que caracteriza o ensino e a aprendizagem, para que esses se viabilizem.

As práticas pedagógicas precisam ultrapassar os muros da escola, precisam considerar que o processo de ensino e aprendizagem é composto por alunas/os, por professoras/es, pelos conceitos e preconceitos existentes e pelos que ainda vão existir, e pelo processo de desenvolvimento histórico e cultural das instituições e dos sujeitos envolvidos nesse sistema.

Você se lembra quando, nos capítulos anteriores, apresentamos a você o significado de gênero, relações de gênero, corpo, sexo/gênero, sexualidade, etc.? Pois bem, tudo isso faz parte desse sistema. E valorizar, estimular o pensamento de cada aluna/o faz parte do que entendemos como a melhor forma de ensinar. Além de valorizar a autonomia do sujeito histórico e cultural, preocupamo-nos em trazer para as salas de aula a realidade, o que está além dos muros da escola, o que demoraríamos anos para ver estampado nos livros, por ser, muitas vezes, ocultado por uma parcela da população que acha que devemos varrer algumas coisas para debaixo do tapete.

Você já parou para pensar que muitas coisas que ensinamos são saberes impostos por uma sociedade de mercado?

Pensando nisso vamos sugerir, neste capítulo, uma metodologia que se baseia em preocupações mencionadas anteriormente. Falaremos de uma velha e nova forma de ensinar e aprender, a Metodologia Ativa. Ao ler esse nome você deve estar se perguntando: "Mas o que é isto?" "Será que o MEC arrumou mais um trabalho para nós?" "Não basta a quantidade de serviço que temos e ainda vem essa coisa de Metodologia Ativa?" Para você conhecer um pouco sobre o contexto de surgimento da Metodologia Ativa, vamos expor um trecho de sua história.

A metodologia ativa surgiu do método Problem-based Learning (Aprendizagem Baseada em Problemas), como conhecido em seus parâmetros atuais, e remete ao Canadá na década de 1950, especificamente no ensino na área da saúde na McMaster University, que até os dias atuais tem em seus quadros curriculares a presença marcante do método. Apesar da sua relação original com a medicina, desde então se reconhece sua ligação com diversas áreas de conhecimento, não necessariamente relacionadas à saúde, tais como administração, arquitetura, ciências ambientais, ciências da computação, ciências sociais, economia, educação física, engenharias, matemática/estatística, turismo, entre outras.

Além do Canadá, com a mencionada McMaster University, ressaltamos que o PBL vem sendo aplicado em diversos países no mundo, como África do Sul (University of Cape Town), Austrália (Griffith University), Dinamarca (Aalborg University), Estados Unidos (Samford University), Finlândia (Jyvaskyla University), Holanda (Maastricht University), Peru (Pontifícia Universidad Católica), Suécia (Linkoping University), Suíça (Universitat Zurich), entre outras. No Brasil, vemos um quadro crescente de implantação em diversas universidades, sobretudo federais. É proposto no PBL uma alternativa ao ensino convencional em Lecture-based Learning – LBL, em que comumente se tem salas com um grande grupo de alunos e em que a aula é fundada no aprendizado de conteúdos previamente estabelecidos pela instituição de ensino e/ou professora/or da turma. Em outras palavras, enquanto que nos métodos mais convencionais se tem como propósito a transmissão do conhecimento centrada na/o professora/or em seus aspectos disciplinares, no PBL o conhecimento é construído a partir do protagonismo da/o aluna/o sob a lógica de uma formação interdisciplinar.

Para a/o professora/or, o PBL geralmente se coloca como um grande desafio, pois a maior parte das/os docentes que são levadas/os a experienciá-lo em sala de aula não tiveram uma formação em tal método. É pertinente salientar que a/o professora/or atua como "facilitadora/or" das discussões, utilizando sua formação acadêmica para auxiliar o andamento das atividades com as/os alunas/os e constantemente avaliando elementos no interior do grupo, como a cooperação, o envolvimento e a motivação.

No entanto, o papel da/o professora/or nesse contexto está longe de ser passivo, visto que sua atuação se mostra fundamental no sentido de mediar as discussões e auxiliar o grupo a manter uma estrutura de foco no problema e determinação em sua resolução. Assim, espera-se do docente um estímulo para o grupo de alunas/os no sentido de se aproximar com o contexto do problema e promover o aprendizado pelas seguidas tentativas de resolvê-lo.

A operacionalização do PBL consiste geralmente na resolução de um problema, em sua maioria factual, que serve como relevante estímulo na busca de instrumental para encontrar conhecimento apropriado a fim de entender como o problema foi gerado e de que forma pode ser solucionado.

Pelo contexto exposto, podemos perceber que a Metodologia Ativa (ou PBL) está diretamente ligada a uma mudança na forma de ensinar-aprender. Seu nome pode parecer novo, mas o método é um velho conhecido. Sabe aquela mania de mineiro de valorizar a prática da vida, de dizer que a vida é a melhor escola do mundo? Pois é, como diz Guimarães Rosa (1985, p.14), "mesmo não sabendo a gente já sabia".

Logo você verá!

Depois de conhecermos o contexto de surgimento da Metodologia Ativa, o que iremos fazer agora é compreender um pouco da história dessa metodologia, pois ela nos dá a possibilidade de não desperdiçar nosso conhecimento, nossas competências e habilidades construídas. Às vezes, o que falta é apenas um pouco de sistematização do conhecimento, de ressignificação à luz de novos parâmetros da educação. Então? Vamos lá?

O homem é o único ser capaz de buscar e propor soluções para problemas. Somente ele consegue trilhar caminhos que, por serem desconhecidos e, portanto, geradores de medo e insegurança, constituem verdadeiros desafios ao seu novo posicionamento no mundo.

A partir do momento em que o homem se entendeu como um ser social que coloca problemas e busca soluções para eles, nasceram a Ciência e a Educação como fazeres metódicos que implicam a escolha de determinados caminhos a serem percorridos com o objetivo de se encontrarem as melhores soluções para as questões históricas, sociais, culturais e afetivas propostas. Nem sempre percebemos esse movimento. No entanto, quando fazemos uma opção pelo conhecimento, estamos nos dispondo a pensar sobre a vida, o ser, o mundo, as redes de relações educacionais, sociais, históricas, culturais, financeiras, jurídicas, psicológicas, etc.

Pensar o homem e seus modos de viver, de colocar problemas, buscar soluções e partilhá-las com os demais é o propósito maior da educação, nos dizeres de Moran *et al.* (2003). Educar é colaborar para que professores e alunas/os – nas escolas e nas organizações – transformem suas vidas em processos permanentes de aprendizagem. É ajudar as/os alunas/os na construção da sua identidade, do seu caminho pessoal e profissional, do seu projeto de vida; no desenvolvimento das suas emoções, das suas habilidades de problematização, compreensão e comunicação, de modo que possam encontrar seus espaços pessoais, sociais e de trabalho, e tornem-se cidadãs/ãos realizadas/os e produtivas/os.

Por meio da educação, seja formal ou informal, aprendemos que na vida humana os caminhos são tão diversos quanto as formas de percepção do mundo construídas pelo homem. Esse é o ponto de partida para compreendermos que a diversidade de caminhos e as representações sociais estão diretamente relacionadas com as formas humanas de pensar, perceber, colocar problemas e encontrar soluções em um determinado contexto social, histórico, cultural, econômico e afetivo.

Ao término da caminhada, ao narrarmos as experiências vivenciadas, abrimo-nos para um outro aspecto extremamente importante da problematicidade da vida humana: a comunicação. Trata-se de uma das funções da educação: comunicar-se com o outro, buscando incentivar reflexões sobre certos aspectos da realidade; rever problemas para os quais as soluções apresentadas já não constituem mais uma saída.

Cremos que já foi possível perceber que *método* significa um caminho a seguir. Na educação, diversos caminhos já foram traçados e percorridos, de acordo com a situação histórica e social, com os interesses culturais e políticos, com as transformações no mundo e no homem que se pretendiam alcançar. Um exemplo é a escola tradicional, que todas/os nós conhecemos e cujo caminho todas/os já percorremos. Nessa escola, o ensino – o caminho a ser percorrido para se desenvolver um conhecimento do homem e do mundo – prioriza o que é externo ao aluno: o programa, as disciplinas, o professor. O aluno apenas executa prescrições que lhe são fixadas por autoridades exteriores. Enfatizam-se os modelos em todos os campos do saber; privilegia-se o especialista e o professor, tomando-se este último como elemento imprescindível na transmissão de conteúdos.

Esse modo de caminhar, ou esse método de ensino, advém de uma concepção do indivíduo como um ser passivo, que deve absorver um conjunto de conhecimentos; repleto das informações necessárias, ele pode repeti-las a quem ainda não as possui. A eficiência profissional depende da posse de informações e conteúdos. Dessa perspectiva, o homem é como uma *tabula rasa*, na qual podem ser impressas, progressivamente, imagens e informações fornecidas pelo ambiente; e a escola é o lugar por excelência onde se realiza a educação, que se restringe à transmissão de informações. A relação de ensino-aprendizagem subordina-se a um modelo pedagógico, na ausência do qual a criança não poderia superar seu comportamento primitivo e apenas faria o que é errado.

Mediante um breve histórico desse caminho de aprendizado, pode-se perceber que, nele, o sujeito ativo frente ao conhecimento não existe. Tudo é determinado, todos os passos estão devidamente estruturados, todos os comportamentos são previamente estudados, para serem bem executados. Nesse tipo de caminho educacional, a metodologia se resume a "dar a lição" e "tomar a lição". E ai daquele que não consegue responder ao que é esperado! Qualquer manifestação emocional ou afetiva que não corresponda ao conteúdo é frequentemente reprimida, por ser considerada impeditiva de uma boa e útil direção de trabalho.

Agora que relembramos esse caminho que percorremos em boa parte de nossa história, pensemos como ficam as relações de gênero aprendidas da perspectiva do paradigma do homem como *tabula rasa*, da necessidade de um modelo (geralmente a professora ou o professor), da interdição a manifestações emocionais e afetivas e da consequente determinação do que é bom e útil. Será que no modelo tradicional existe espaço para manifestação das diferenças?

Começamos a delinear o modo como aprendemos as relações de gênero ou, como queiram, as relações de poder e dominação entre os gêneros. Aprendemos, por exemplo, o que deve ser uma boa menina, uma boa aluna: uma pessoa que não dá trabalho, que não pergunta, que obedece a todas as ordens da professora, que não usa saia curta na escola para não parecer muito "saidinha", que não fica zanzando pelos corredores para chamar atenção dos meninos.

Você já considerou o caminho que percorremos em nossas histórias de vida em função desse tipo de aprendizado? Você já parou para pensar quantos foram os comportamentos que automatizamos como se fossem condições naturais de um gênero? Você já conseguiu vislumbrar quantas habilidades deixamos de desenvolver porque não eram adequadas a um determinado gênero? Pois é! Esse é um dos caminhos que seguimos para nos tornarmos as pessoas que somos atualmente. E muitas vezes reproduzimos esse caminho, esse método. Mas podemos mudá-lo, transformá-lo por meio de outros paradigmas e métodos. É isso que a Metodologia Ativa vem nos propor: vamos mudar?

Você pode estar se perguntando: "mas como, tem jeito?" Sim, tem jeito. E o melhor jeito é suspendermos temporariamente tudo o que sabemos, para recuperarmos a habilidade de olhar e ver. Na Metodologia Ativa, de nada adianta olhar e ver o que deve ser visto, aquilo a que já estamos habituados, que nos leva a dizer: "ah, isso eu já sei!". Será que sabe mesmo?! O primeiro princípio da Metodologia Ativa, que valoriza a ressignificação da realidade, nos propõe:

PARE, OLHE E VEJA COM OUTROS OLHOS

Após um momento de contemplação de uma realidade, começamos a hipotetizar os motivos que poderiam sustentar nossa antiga forma de conceber os problemas. Partimos, então, da problematização da realidade por meio da observação ativa e participante para o levantamento de hipóteses sobre os motivos do problema tal como ele se apresenta e se define. Levantar hipóteses significa imaginar possíveis soluções para um problema em função dos objetivos a serem alcançados. Dado esse passo, buscamos referenciais teóricos que possam sustentar nossa observação, percepção e proposição de alternativas.

Percebeu? Somente após a prática da observação e a consideração do que foi revisto é que vamos buscar a teoria. Esse movimento inverte o processo que aprendemos na escola tradicional, pois nos leva a suspender temporariamente nossos modelos, nossos juízos de valor, nossas certezas, para tentarmos vê-los sob outros pontos de vista. Assim, as teorias que nos acomodam em zonas de conforto não mais nos darão o velho sono tranquilo. Devemos nos reinventar a cada dia. É isso que a Metodologia Ativa propõe. Ela nos faz adotar processo inverso ao da escola tradicional, ou seja, tomar a prática, a observação participante, como ponto de partida, para, então, criticar teorias e sugerir outros métodos, outros caminhos que possam nos levar a novas paisagens, novos cenários do processo educacional e da construção de gênero nas relações escolares. O que a Metodologia Ativa pretende é nos relembrar que devemos ser eternos aprendizes. Feita essa nova proposta, fica a questão: como você poderia trabalhar as relações de gênero na escola de modo a se reinventar e estimular as/os alunas/os a também se construírem, a desenvolverem novas habilidades e competências?

Conceitos-chave
- autonomia
- Metodologia Ativa
- competências
- habilidades
- ser social
- intervenção
- problematização
- método
- hipóteses

Atividade – Brincando e Aprendendo: gênero e educação

Objetivo: O objetivo central é o questionamento de conceitos, preconceitos e valores, além da exploração de visões de gênero e sexualidade.

Materiais utilizados: Papel, caneta, lápis.

Local: Essa atividade poderá ser desenvolvida na sala de aula ou em um ambiente alternativo da escola.

Sugestão: Você deve criar uma atividade baseada em questões que dizem respeito às relações de gênero. A atividade pode ser desenvolvida fora do ambiente da sala de aula, o importante é que ela coloque em prática tudo o que foi trabalhado neste caderno.

Tempo: 60 minutos

Siga este roteiro:
a) Título da atividade
b) Objetivos
c) Justificativa
d) Público-alvo
e) Tempo previsto
f) Material utilizado
g) Procedimentos
h) Resultados esperados

OBS: Na elaboração da atividade, empregue os conceitos estudados neste caderno.

Para saber mais

Para aprofundamento das questões trabalhadas no texto, sugerimos:

Livro

DEMO, Pedro. *Saber pensar*. São Paulo: Cortez: Instituto Paulo Freire, 2002. O livro de Pedro Demo é leitura obrigatória para todos que desejam refletir sobre o panorama da construção do conhecimento. O autor, com uma linguagem clara e direta, nos convida a um passeio pela problematização das realidades educacionais, pelo modo como fazemos pesquisas e pela necessidade de desacomodarmos de construções já prontas e já pensadas. Através de sua leitura teremos a oportunidade de atualizarmos conhecimentos e reflexões sobre pesquisa e construção do conhecimento a partir das realidades vividas e não das teorias explicitadas por autoridades de pessoa. Em outras palavras, todo saber e conhecimento é contextualizado e circunscrito geográfica e historicamente, não devendo ser utilizado de modo universal.

Artigos

BELLONI, Maria Luiza. Tecnologia e formação de professores: rumo a uma pedagogia pós-moderna? . *Educação e Sociedade*, Dez 1998, v.19, n.65, p.143-162.

VALLE, Lílian do. Castoriadis: uma filosofia para a educação. *Educação e Sociedade*, Ago 2008, v.29, n.103, p.493-513.

Filme

SOCIEDADE DOS POETAS MORTOS. Direção de: Peter Weir. O filme é uma obra-prima do cinema. Em 1959, John Keating (Robin Williams) volta ao tradicionalíssimo internato Welton Academy, onde foi um aluno brilhante, para ser o novo professor de Inglês. Ao perceber a potencialidade dos alunos, a paixão por conhecer, principalmente em uma escola que deveria repetir o já dito e o já pensado, propõe a criação de uma sociedade literária. Através de leitura de poesias e narrativas, os alunos vão ampliando seu mundo e tecendo críticas aos saberes institucionalizados, os quais, apesar de importantes, não mais levavam inspirações e conhecimentos a suas vidas. Infelizmente, ao final, o professor é banido de sua posição de educador, devido a uma tragédia com um dos alunos. Ao ser exonerado de sua função, o colégio vem mostrar o perigo do conhecimento e reafirmar o respeito pela institucionalização como uma defesa aos saberes considerados perigosos porque geradores de novas consciências.

Site

ARTE NA ESCOLA. Esse é um espaço interativo onde você encontra propostas pedagógicas que o ajudam a planejar sua aula e possibilitam uma maior interação dos estudantes com a obra de arte. Além disso, você pode compartilhar sua experiência e contar o que mudou na sala de aula ao incorporar este material de apoio à sua proposta pedagógica. Aproveite também para divulgar a produção de seus alunos na galeria. Participe do fórum e debata com outros professores os rumos da arte-educação. Disponível em: <http://www.artenaescola.org.br>. Acesso em: 27 fev. 2010.

Como as oficinas de gênero e sexualidade podem contribuir com sua prática pedagógica

Resumo

Neste capítulo, após a introdução do capítulo anterior, sugerimos oficinas de gênero e sexualidade e a forma de utilizá-las no dia a dia das escolas. As oficinas são um instrumento por meio do qual as/os alunas/os podem compartilhar experiências e construir novos sentidos para as relações sociais.

Objetivos deste capítulo

- Compreender o conceito de oficina e a importância desse tipo de prática como instrumento de uma metodologia de ensino
- Aplicar a Metodologia Ativa por meio de oficinas
- Transformar o conhecimento sobre gênero e sexualidade por meio da prática

Neste capítulo, apresentamos exemplos de uma prática, de um fazer, que facilitam a sistematização das noções de gênero e sexualidade no nosso cotidiano escolar. São apenas exemplos que podem ajudar a utilizar a Metodologia Ativa no desenvolvimento de atividades que tratam dessas noções tão atuais e estruturantes de nossas realidades como educadoras/es.

O termo oficina vem de *officium*, do latim, "trabalho, execução de uma tarefa". De onde também vêm *office*, em inglês, e 'ofício'. Atualmente, um de seus usos (de suas origens) está ligado à palavra *workshop*, que designa o conjunto de atividades realizadas por profissionais de uma área específica de conhecimento como forma de estabelecer um intercâmbio de ideias e demonstrar técnicas e habilidades desenvolvidas. Por exemplo, um grupo de dança que se apresenta em uma cidade pode oferecer um *workshop* para os colegas de atividade nela residentes, tendo em vista a troca de informações sobre o assunto e as vivências relacionadas à dança naquele local.

Todavia, as oficinas assumiram uma função diferente no Brasil, principalmente pelo contexto histórico durante a década de 1970, quando, por motivos de interdição da livre expressão dos sujeitos, passaram a ter uma motivação política de busca pela liberdade de se comunicar e de contestar um regime político. Nessa época, as oficinas de arte e cultura predominavam no cenário brasileiro, o qual tentava se expressar através das fendas sociais, dada a interdição institucionalizada pelo regime político da ditadura a tudo e todo aquele que pudesse ser percebido como uma ameaça à ordem vigente. Esses foram anos de efervescência cultural e o objetivo era a implantação democrática do ensino e também da política. Existiram diversos representantes na época, principalmente atores de teatro que buscavam a democratização através da encenação. Aqui não podemos deixar de referenciar o Teatro Oficina, de José Celso Martinez Correa, até hoje existente no SESC–São Paulo (Vila Mariana). Outra presença marcante foi Gianfrancesco Guarnieri, um ator e dramaturgo da época, que esteve ligado ao Teatro de Arena, também de esquerda, que produziram "Eles não usam Black-Tie", etc. Nessa época, o Teatro Oficina se destaca como um palco importante para expressões políticas, sociais e culturais da época, além da presença marcante de Augusto Boal, um importante teatrólogo latino-americano e também de Paulo Freire na proposta de criação a partir de temas geradores. Podemos perceber que os intelectuais e artistas de "esquerda" combatiam, então, a ideia de que a arte e a cultura seriam fruto de qualidades especiais de origem imprecisa e buscavam apresentá-las não só como resultado de um trabalho, mas também como atividades que colocam o trabalhador comum e o artista numa relação de igualdade (COELHO, 1999, p. 282). A oficina surgiu, assim, em nosso contexto histórico como um modo de dar a todos as mesmas condições de praticar uma atividade artística, cultural e educacional.

Atualmente, as oficinas não são mais destinadas somente a um público específico de artistas e educadoras/es e não são ministradas apenas por profissionais de destaque. Também não têm caráter exclusivamente eventual. Na atualidade, existem pessoas que vivem de promover oficinas – as/os oficineiras/os –, assim como existe público disposto a frequentar esse tipo de evento de modo intermitente. Visto que não têm objetivos necessariamente artísticos, culturais ou educacionais, as oficinas podem ser oferecidas por qualquer instituição (médica, social, educacional, prisional etc.).

Segundo Delgado, Leal e Venâncio (1997), as oficinas podem tomar a forma dos seguintes tipos de espaço:
- de Criação, cujas principais características são a realização de atividades de criação artística e a experimentação constante;
- de Atividades Manuais, em que se realizam trabalhos manuais, o que exige um determinado grau de habilidade, e constroem-se produtos úteis à sociedade, utilizados como objeto de troca material;
- de Promoção de Interação, cujo objetivo é a promoção de interação, de convivência entre clientes, técnicos, familiares e a sociedade como um todo.

Delgado, Leal e Venâncio (1997) afirmam que os fatores de unificação das experiências intituladas "oficinas" não se definem pelos tipos de atividades desenvolvidos nesses espaços, mas pela compreensão de que esses espaços propiciam a comunicação e as relações interpessoais, favorecendo, desse modo, a interação, a integração e a reinserção social.

Por meio dessa introdução, podemos perceber que as oficinas têm seu significado dependente de um contexto social, histórico, político e cultural, e servem ao conhecimento, à compreensão e à transformação de algum conteúdo de interesse das pessoas.

Consideremos agora alguns critérios para a confecção de oficinas. Elas podem manter basicamente a mesma sequência didática, variando com respeito às metodologias

específicas para cada tipo de atividade. Assim, suas pautas podem ser as seguintes:
- mobilização de conhecimentos prévios do assunto por meio de situações concretas;
- leitura de textos;
- breve fundamentação teórica por meio de leitura, exposição dialogada e discussão;
- caracterização e análise dos textos lidos, considerando-se seus pressupostos teóricos (por equipes);
- produção coletiva baseada no tema trabalhado (por equipes);
- socialização dos trabalhos de análise e de produção textual, musical e teatral baseada no tema;
- elaboração coletiva de estratégias de ensino dos temas em estudo;
- apresentação de propostas de tratamento do tema em sala de aula;
- avaliação da oficina, com proposição de sugestões para a próxima (por escrito).

Para desenvolver esse trabalho, podem-se utilizar diversos recursos, como retroprojetor, lâminas, CD, aparelho de som, quadro de acrílico, pincéis, apostilas, papel-madeira, jornais, revistas em quadrinhos, embalagens, revistas diversas, cartazes, livros de literatura infantil, fantoches de varetas e cortina, DVD, *data show*, dança, teatro, música, etc. A variedade de atividades e recursos utilizados dependerá do objetivo a ser alcançado pela oficina, ou seja, pela prática de cada pessoa.

Propomos a seguir um modelo de oficina com todas as etapas a serem cumpridas. É importante que você faça as adaptações necessárias à realidade de sua sala de aula.

Título: Questões de Gênero

Duração: 1 hora e 20 minutos

Objetivos:

a) trabalhar as representações de gênero que surgem no grupo

b) promover a construção de sentidos por meio de temas relacionados a gênero
c) conceituar gênero e relações de gênero
   Procedimentos:
- dividir a turma em 2 ou 3 grupos;
- pregar doze folhas de papel pardo, unidas duas a duas, nas paredes da sala;
- escrever no alto de cada dupla de folhas as seguintes palavras-tema: experiência, desconstrução, subjetividade, liberdade, preconceitos, estereótipos;
- disponibilizar para os participantes pincéis atômicos, cola, tesoura, jornais e revistas.

Primeiro momento (20 minutos): Trabalhando as representações de gênero
- convidar os alunos a pensar sobre as palavras-tema, relacionando-as ao tema gênero (eles podem caminhar livremente pela sala e folhear jornais e revistas);
- pedir aos participantes que, agindo de modo livre, sem esperar ou seguir uma ordem, escrevam em cada uma das folhas a primeira palavra que associarem a cada uma das palavras-tema;
- colem, em cada uma das folhas, figuras, palavras ou frases que associem a cada uma das palavras-tema.

Segundo momento (30 minutos): Relatando experiências
- formar subgrupos de, mais ou menos, cinco pessoas;
- pedir aos subgrupos que escolham um relator, que, depois, vai apresentar para a turma uma síntese das discussões do grupo;
- pedir aos subgrupos que discutam, durante aproximadamente 25 minutos, as questões que se encontram no final dessas instruções.

Terceiro momento (30 minutos): A construção dos novos saberes

- pedir aos participantes que voltem para as carteiras, as quais devem ser organizadas em círculo;
- conduzir a apresentação das respostas de cada grupo, introduzindo, à medida que são comentados, os conceitos discutidos anteriormente em sala de aula;
- encerrar a oficina fazendo uma síntese dos painéis e das apresentações.

Roteiro para discussão da atividade "Questões de gêneros"

Instruções:

- Após a atividade "Questões de Gênero", organizem-se em grupos de, mais ou menos, cinco pessoas. Tentem fazer grupos com pessoas diferentes daquelas com as quais realizaram a última atividade;
- Escolham um dos componentes do grupo para apresentar para a turma uma síntese das reflexões que fizerem;
- Discutam as seguintes questões, compartilhando com o grupo suas experiências, suas opiniões e seus conhecimentos teóricos:
  - Quais foram as sensações que cada um de vocês experimentou no decorrer dessa atividade?
  - No dia a dia, percebemos, nas relações entre as pessoas, tanto a aceitação da diferença como a manifestação de preconceitos e as discriminações. Quais foram as palavras ou gravuras que vocês colocaram nos painéis que expressam essas atitudes?

Conceitos-chave
- oficinas
- oficineiros

Atividade – A Construção dos Corpos – delimitando fronteiras

Objetivo: Possibilitar momentos de reflexão acerca das formas de sujeição e subjetivação as quais construímos nossos corpos.

Materiais utilizados: Papel, caneta, lápis, cópia do poema e das perguntas para os participantes.

Local: Essa atividade poderá ser desenvolvida na sala de aula ou em um ambiente alternativo da escola.

Sugestão: Leia toda a proposta e tente adaptá-la à realidade de sua escola ou sala de aula.

Tempo: 90 minutos

> *Se há alguma coisa sagrada é o corpo humano.*
> WALT WHITMAN

Você conhece o poeta Walt Whitman? Como iremos trabalhar com sua poesia, convidamo-lo a conhecer um pouco de sua história.

Poeta norte-americano (31/5/1819-26/3/1892). Revolucionário na forma e na temática de sua poesia, defendeu a abolição da escravatura, os direitos da mulher, o amor livre e o desenvolvimento tecnológico. Walt Whitman nasceu em West Hills, estado de Nova York.

Em 1823, muda-se com a família para a cidade de Nova York e estuda em uma escola pública do Brooklyn. Trabalha como tipógrafo e jornalista. Após a Guerra Civil Americana, consegue um cargo no Ministério do Interior, mas é demitido pouco depois porque o titular da pasta se indigna com *Leaves of Grass* (*Folhas de Relva*), livro de poemas de Whitman publicado pela primeira vez em 1855 e reeditado com revisões e ampliações durante anos.

A obra, repudiada pelos críticos de então, introduz o verso livre e dá tratamento poético a coisas e fatos do cotidiano, como o progresso técnico e o sexo. Em 1871, expõe seus pontos de vista políticos no ensaio *Democratic Vistas*, que tem grande repercussão. Em 1873, uma doença vascular o deixa parcialmente paralítico. Passa então a morar em Camden, Nova Jersey, com a família. Em fins de 1891, publica a última edição de *Leaves of Grass* e morre poucos meses depois.

Informações retiradas, na íntegra, do *site* Algo Sobre.

Disponível em: <http://www.algosobre.com.br/biografias/walt-whitman.htmlr>. Acesso em: 27 fev. 2010.

Por essa pequena biografia, podemos perceber que Walt Whitman foi um poeta que, em seu contexto histórico-político, desconstruiu algumas concepções de corpo e gênero que predominavam na sua época. Imaginem o que é falar abertamente sobre o corpo, sobre homossexualidade, sobre sexualidade em uma época em que esses temas eram concebidos como pecaminosos, desviantes e questionadores da moralidade vigente. É preciso coragem para questionar mitos, tabus e preconceitos que envolvem esses temas. Whitman o fez de forma poética, ou seja, ele transcendeu a materialidade, o em-si, a explicação moral e normativa do corpo para articular uma compreensão na *poiesis*.

Você sabe a diferença entre explicar e compreender? A explicação se articula na linguagem do conhecimento e a compreensão acontece dentro de um *diálogo* na linguagem da *poiesis*. Em outras palavras, explicar é dizer o já conhecido, é "trocar em miúdos" o que já existe como saber. Na compreensão você vai além, transcende o significado dado, ao possibilitar à linguagem buscar o interlocutor em seu espaço de liberdade, ou seja, em diferenciadas formas de ver, sentir e pensar. Assim, na compreensão o outro não precisa concordar comigo, não precisa assinar embaixo e dizer "Ah! Isso é verdade e não se discute mais". Ao compreendermos não buscamos verdades, mas possibilidades de pontos de partida para reconstruirmos nossas experiências de vida.

Após essa digressão sobre explicação e compreensão, vamos a nosso tema: a construção dos corpos. Para iniciar nossa reflexão, buscaremos em poemas de Whitman novas compreensões sobre o conceito de corpo e as formas como aprendemos a pensá-lo e senti-lo. Preparada/o? Então, vamos lá:

Eu sou o poeta do Corpo
e sou o poeta da alma,
as delícias do céu
estão em mim
e os horrores do inferno
estão em mim
– o primeiro eu enxerto
e amplio ao meu redor,
o segundo eu traduzo
em nova língua.
Eu sou o poeta da mulher
tanto quanto o do homem
e digo que tanta grandeza existe
no ser mulher
quanta no ser homem,
e digo que não há nada maior
do que uma mãe de homens.
Canto o cântico da expansão e orgulho:
já temos tido o bastante
em esquivanças e súplicas,
eu mostro que tamanho
nada mais é do que desenvolvimento.
[...]

FONTE: WHITMAN, Walt. *Folhas da Relva*. Trad. Rodrigo Garcia Lopes. São Paulo: Iluminuras, 2005 p 5.

E aí, o que achou do poema? Gostaríamos que você refletisse sobre a primeira de suas estrofes (de "Eu sou o poeta do Corpo" até "em nova língua"). O que significa, no processo de aprendizagem de construção dos corpos, essa estrofe, principalmente quando o poeta diz: "[...] – o primeiro eu enxerto e amplio ao meu redor, o segundo eu traduzo em nova língua"?

Considerando a diferença entre explicar e compreender, responda:

a) Como você compreende o próprio corpo e o corpo do outro (da/do aluna/o)?

b) Na prática de sala de aula, quando um aluno/a pergunta algo que envolve o corpo, seus sentidos e necessidades, você explica ou compreende o questionamento?

c) O que muda nas concepções que você aprendeu quando você prioriza a compreensão do corpo em vez de sua explicação?

Reúna-se com o grupo e discuta essas questões. Após as discussões, faça registros em seu portfólio, para que, sempre que necessário, possa retornar e reconstruir significados relativos a essa temática. Aproveite para pensar em algumas atividades a serem realizadas em sala de aula com as/os alunas/alunos, como ler alguma estória ou poesia que verse sobre o corpo e pedir-lhes que desenhem o que compreenderam. Depois, peça-lhes que contem uma estória sobre o desenho. Por meio dessa atividade, é possível perceber se estão explicando ou compreendendo o corpo. Com base nessa percepção, desenvolva reflexões que permitam que ampliem suas formas de sentir e pensar o próprio corpo e o corpo do outro.

Passemos ao segundo poema:

Um corpo de mulher posto em leilão!
Ela também não é tão simplesmente ela:
É uma prodigiosa mãe de mães,
Além de ser portadora daqueles

Que hão de crescer e dar parceiros para mães.
Amaram alguma vez o corpo de uma mulher?
Alguma vez amaram o corpo de um homem?
Não perceberam que são justamente os mesmos
Para todos e em todos os países
E em todas as idades do planeta?
Se alguma coisa é sagrada,
Sagrado é o corpo humano;
E a glória e doçura de um ser humano
É o dom da sua humanidade incorrompida
- assim no homem como na mulher,
Um corpo limpo e saudável e forte
É mais bonito que o mais bonito dos rostos.
Vocês não viram o doido que corrompeu
Em vida o próprio corpo?
E a doida que na vida o próprio corpo
Corrompeu?
Pois escondidos eles não estão
Nem têm como esconder-se.

FONTE: WHITMAN, Walt. *Folhas da Relva*. Trad. Rodrigo Garcia Lopes. São Paulo: Iluminuras, 2005, p 8.

E então? Como recebeu esse segundo poema? De imediato, anote o primeiro pensamento que teve após a leitura. Tomando como base esse pensamento, escreva um pouco sobre as diferenças que, para você, marcam um corpo de homem e um corpo de mulher:

a) Quais são essas diferenças?
b) Em quais aspectos elas se sustentam? São aspectos físicos, morais, psicológicos, de indumentária, de cor de pele, de etnia, de postura, etc.?
c) Que vergonhas você possui em relação a seu corpo?
d) Que partes de seu corpo você mudaria?

e) Que partes você admira em seu corpo?
f) Que atividades considera vergonhosas para um corpo realizar?

Depois de responder a essas perguntas, volte à segunda estrofe do poema e relacione-a a sua prática escolar:

O que você compreende por "amar um corpo de homem e amar o corpo de uma mulher?"

Você concorda com o poeta quando ele diz que "todos os corpos são os mesmos, em qualquer país e em qualquer idade?" O que ele sugere que compreendamos com essa afirmação?

Após responder a essas perguntas, reflita sobre a importância de não nos restringirmos à explicação dos corpos.

Explicar um corpo sem compreendê-lo é impossibilitar ao outro modos diferenciados de sentir, desejar, comportar-se, movimentar-se, ou seja, é impossibilitar-lhe ser alguém com seu espaço de liberdade e construção; é desconsiderar contextos sociais, políticos, históricos, relacionais, valorativos, linguísticos e de identificação afetiva. Ao desconsiderarmos esses contextos, aprisionamos o corpo em armaduras sociais e comportamentais, que geram os corpos bidimensionais, destinados a serem desse modo ou do outro, certos ou errados, bons ou maus, bonitos ou feios. Tais polaridades interditam a unidade da pessoa, problema que geralmente nos leva a definições falsas, mas que gera consequências verdadeiras.

Para não incorrermos em definições ou verdades absolutas, se faz necessário um constante refletir, ou seja, ter um olhar que retorna para verificar pontos de partidas e pressupostos que embasam nossas práticas sobre as questões trabalhadas neste caderno. Considerar os contornos e limites das concepções de gênero, sexualidade e corpo que utilizamos em nossos discursos e práticas é fundamental, pois, somente partindo desse conhecimento, poderemos reconhecer em que áreas necessitamos nos atualizar em nossos pensares e fazeres.

Pense nisso e releia a epígrafe com que iniciamos esta atividade!

Gostaríamos de agradecer a atenção das/os leitoras/es bem como a possibilidade de compartilharmos vivências e experiências sobre tema tão relevante na área da educação. Enquanto educadoras/es cabe-nos não somente a transmissão de conteúdos didáticos mas também uma ocupação para com a formação de pessoas. Compreender e trabalhar as relações de gênero na construção socioistorica, política e cultural da educação é também refletir sobre os modos de construções de nossos corpos, nossa sexualidade, das relações de gêneros que aprendemos, dos processos de identificações com pessoas, atividades e no como elaboramos e transmitimos estes núcleos afetivos que compõem a estrutura de nosso conhecimento formal e pessoal nas relações educadoras/es – estudantes.

Nosso desejo durante todo o processo de escrita foi transformarmos vivências em experiências e conhecimentos compartilhados, de modo a permitir uma constante reflexão sobre a educação e suas diversidades de ensino-aprendizagem na temática de gênero.

Obrigada!
As autoras

Referências

AUAD, Daniela. *Educar meninas e meninos*: relações de gênero na escola. São Paulo: Contexto, 2006.

BARROSO, Carmen. O corpo nos livros infantis. In: Bienal do Livro, 4, 1980, São Paulo. Trabalho apresentado no II Congresso Nacional de Educação (CONED), realizado em Belo Horizonte, de 6 a 9 de novembro de 1997. E publicado no II Caderno de Educação da Confederação Nacional dos Trabalhadores em Educação (CNTE), Brasília, DF, dezembro de 1998.

BERBEL, N. A. N. Metodologia da Problematização no Ensino Superior e sua contribuição para o plano da práxis. Semina: v.17, n. esp., p. 7-17, 1996.

BERBEL, N. A. N. Metodologia da Problematização : uma alternativa metodológica apropriada para o Ensino Superior. Semina: Londrina, v. 16, n. 2, n esp., p. 9-19, 1995.

BUTLER, Judith. Corpos que pesam: sobre os limites discursivos do sexo. In: LOURO, Guacira. *O corpo educado*: pedagogias da sexualidade. Belo Horizonte: Autêntica, 1999. p.151-172.

DELGADO, Pedro Gabriel; LEAL, Erotildes; VENÂNCIO, Ana Teresa. O campo da atenção psicossocial. In: Congresso de Saúde Mental do Rio de Janeiro, 1, 1997, Rio de Janeiro: TeCora, 1997.

FERNÁNDEZ, Alícia. *A mulher escondida na professora*. Porto Alegre: Artes Médicas, 1992.

FOUCAULT, Michel. *A Arqueologia do Saber*. 7. ed. Rio de Janeiro: Forense Universitária, 2004.

FRANÇA, Kelly Bedin. Corpo, gênero e sexualidade: discussões. *Revista Estudos Feministas*, Florianópolis, v.13, n.1, p.21 - 25 jan./abr. 2005.

FREIRE, Paulo. *Pedagogia da Autonomia*: saberes necessários à prática educativa. São Paulo: Paz e Terra, 1996. (Coleção Leitura).

FURLANI, Jimena. In: LOURO, Guacira Lopes; NECKEL, Jane Felipe; GOELLNER, Silvana Vilodre (Orgs.). *Corpo, gênero e sexualidade:* um debate contemporâneo na educação. Petrópolis: Vozes, 2003.

GROSZ, Elisabeth. Corpos reconfigurados. *Cadernos Pagu*, Campinas, n. 14, ano 3, p. 45-86, 2000.

IV Conferência Mundial sobre a Mulher, Beijing (China). Apresentada à ONU, 1995: 29. –Disponível em: <www.icieg.cv/files/00364_confer.pdf>. Acesso em: 20 ago. 09.

LOPES, Eliane Marta Teixeira. Pensar categorias em História da Educação e Gênero. *Projeto História*, São Paulo, vol.11, p. 19-29, 1994.

LOURO, Guacira Lopes. *Gênero, Sexualidade e Educação*: uma perspectiva pós-moderna. Petrópolis: Vozes, 1997.

MENEZES, Camila de Sousa. *Análise do processo de constituição do atendimento na Delegacia Especializada de Crimes Contra a Mulher de Belo Horizonte*. Dissertação de Mestrado em Psicologia, Faculdade de Filosofia e Ciências Humanas, Universidade Federal de Minas Gerais, 2008.

MORAN, José Manuel; MASSETO, Marcos; BEHRENS, Marilda. *Novas tecnologias e mediação pedagógica*. 7. ed. Campinas: Papirus, 2003. p. 11-65.

MORRISON, Toni. *O olho mais azul*. São Paulo: Companhia das Letras, 2003.

RANCIÈRE, Jacques. O Dissenso. In: NOVAES, Adauto (org.). *A Crise da Razão*. São Paulo: Companhia das Letras, 1996. p. 367-382.

ROSA, João Guimarães. *Grande Sertão:* Veredas. Rio de Janeiro: Nova Fronteira, 1985.

ROSALDO, Michelle. O Uso e o Abuso da Antropologia: reflexões sobre o feminismo e o entendimento intercultural. *Revista Horizontes Antropológicos*, Porto Alegre/UFRGS, ano 1, n.1, 1995. p. 10-36.

RUBIN, Gayle. *O Tráfico de Mulheres:* notas sobre a "economia política" do sexo. Tradução de Christine Rufino Dabat. Recife: Edição SOS Corpo, 1993.

SANT'ANNA, Denise Bernuzzi. *Políticas do corpo.* São Paulo: Estação Liberdade, 1995.

SCOTT, Joan Wallach. Gênero: uma categoria útil de análise histórica. *Revista Educação e Realidade*, Porto Alegre, v. 20, n. 2, p. 71-99, jul./dez. 1995.

XAVIER, Elodia. *Que corpo é esse?* O corpo no imaginário feminino. Florianópolis: Ed. Mulheres, 2007.

WHITMAN, Walt. *Folhas de relva.* São Paulo: Iluminuras, 2005.

Este livro foi composto com tipografia Minion Pro e impresso
em papel Off Set 75 g na Formato Artes Gráficas.